JN186976

いちばんわかりやすい　DVD付き

FRUITS CUTTING
フルーツカッティング

フルーツアカデミー®代表
フルーツアーティスト®
平野泰三
Taizo Hirano

講談社

CONTENTS

4　DVDの使い方、
　　DVDをご利用になる前に

6　**FRUITS SERVING**
　　フルーツの盛り合わせ／
　　フルーツ3段盛り／
　　大皿盛り

9　PART **1**　**FRUITS CUTTING**
　　　　　　　フルーツカットのテクニック

10　フルーツカッティングの道具

12　**MELON** メロン

18　**PINEAPPLE** パイナップル

24　**WATERMELON** スイカ

28　**GRAPEFRUIT** グレープフルーツ

34　**ORANGE** オレンジ

40　**KIWIFRUIT** キウイフルーツ

44　**PAPAYA** パパイヤ

48　**AVOCADO** アボカド

52　**MANGO** マンゴー

56　**BANANA** バナナ

60　**STRAWBERRY** イチゴ

64　**LEMON.LIME** レモン・ライム

68　**APPLE** リンゴ

74　**PEACH** モモ

78　**PEAR** ナシ（和ナシ）

82　**PEAR** ナシ（洋ナシ）

115　PART **2**　**FRUITS CARVING**
　　　　　　　　フルーツカービング

119　PART **3**　**FRUITS INDEX**
　　　　　　　　フルーツ図鑑

126　あとがき

86	PERSIMMON カキ	100	TROPICAL FRUITS
			HORNED MELON キワノ
88	LOQUAT ビワ	102	DRAGON FRUIT ピタヤ
90	GRAPE ブドウ	104	STAR FRUIT スターフルーツ
92	FIG イチジク	106	MANGOSTEEN マンゴスチン
94	POMEGRANATE ザクロ	108	PASSION FRUIT パッションフルーツ
96	PLUM プラム	110	RAMBUTAN ランブータン
98	ORANGE ミカン	111	LITCHI レイシ
99	CHERRY サクランボ	112	FRUITS GARNISH フルーツをグラスに飾る

この本の使い方

【DATAについて】

- 甘みの分布イラストの数字は、甘い順に 1、2、3、4 となります (1 が一番甘い)。

- 追熟 (ついじゅく) とは、時間が経つにつれ、熟してくることをいいます。
  <追熟するフルーツ>メロン、キウイフルーツ、パパイヤ、アボカド、マンゴー、モモ、洋ナシ、トロピカルフルーツ、イチジク、ザクロ (国産)
  <追熟しないフルーツ>オレンジ、グレープフルーツ、スイカ、パイナップル、レモン、ライム、リンゴ、ブドウ、イチゴ、和ナシ、ザクロ (輸入) ＊できるだけ早く食べましょう。

- エネルギー量は『七訂食品成分表2016』(女子栄養大学出版部) を参考にしました。
- BOOK ONLY のフルーツは、DVDに収録しておりませんのでご了承ください。
- カッティングによっては DVD ONLY の収録、BOOK ONLY の掲載もあります。

例) 甘みの分布：メロン

HOW TO USE DVD

DVDの使い方

DVDをセットしてトップメニューへ

DVDをプレーヤーに挿入すると、自動的にトップメニューが表示されます。ただし、プレーヤーによっては自動的に始まらない場合もあります。その場合は、お使いのプレーヤーの取り扱い説明書をご覧ください。トップメニューが表示されたらカーソルを見たい項目まで動かし、決定ボタンを押してください。

カッティングを始める前に

- ナイフはよく研いで切れるように準備しておきます。
- 果汁をなるべく出さないように、また乾燥を防ぐために、手早いカッティングを。くれぐれも切れるナイフでケガのないように注意しましょう。
- カッティング後は旨みや香りが逃げていくので、なるべく2時間以内に食べるように心がけます。
- リンゴ、アボカド、モモなどは皮をむくと切り口が褐色に変色します。変色を防ぐ方法として、①水につける、②塩水につける、③レモン、ライムの絞り汁につける、いずれかの方法をやるとよいです。

WARNING

- このDVDは一般家庭での視聴を目的に販売されています。
  したがって、このDVDビデオならびにパッケージに対し、著作権者、頒布権者等の承諾なく、上記目的以外のご使用(レンタル、上映、放映、複製、変更、改作など)、その他の商行為(業者間の流通、中古販売など)をすることは法律で禁止されていますので固くお断りいたします。
- このDVDを利用したことで利用者が被った被害や損失、トラブルについて講談社は一切責任を負いません。

| 100min. | 片面一層 | COLOR | MPEG2 | 複製不能 | 16:9 LB | | DVD VIDEO |

BEFORE YOU USE DVD

DVD をご利用になる前に

使用上のご注意

- DVDビデオは、映像と音声を高密度で記録したディスクです。DVDビデオ対応プレーヤーで再生してください。詳しくは、ご使用になるプレーヤーならびにテレビの取り扱い説明書を参照されたうえでご利用ください。

取り扱い上のご注意

- ディスクは両面とも、指紋、汚れ、キズ等をつけないように取り扱ってください。
- ディスクが汚れたときは、メガネ拭きのようなやわらかい布で内周から外周に向かって放射線状に軽く拭き取ってください。
- ディスクは両面とも、鉛筆やボールペン、油性ペン等で文字や絵を書いたり、シール等貼らないでください。
- ひび割れや変形、または接着剤等で補修されたディスクは危険ですから絶対に使用しないでください。

保管上のご注意

- 直射日光があたる場所や高温多湿の場所を避けて保管してください。
- 使用後は必ずプレーヤーから取り出し、DVD専用のディスクケースに入れて保管してください。
- ディスクの上に物を置いたり落としたりすると、ひび割れの原因になります。ご注意ください。

鑑賞上のご注意

- このDVDビデオをご覧いただく際は、部屋の中を明るくしてご覧ください。
- 暗い部屋での長時間続けてのご鑑賞は避けてください。

FRUITS SERVING

 BOOK ONLY

フルーツの盛り合わせ

カッティングの技術は、盛り合わせることによって完成する。各フルーツの個性を生かし、美しく、とりやすく、食べやすく盛り合わせることが大切。ポイントは大型フルーツ、立体感のあるものをセンターにおくこと。3段盛り、大皿盛りからデコレーション、カービングまで紹介。パーティー、おもてなしなどでチャレンジしてみましょう。

トロピカルタワー

パイナップルの皮を飾り切りしたところに、スティックにさしたくし形切りのフルーツ、チョコレート、チーズ、ハムなどを飾っても。手前にパイナップルのカヌーを盛り合わせて。子どもの誕生パーティーや記念日にふさわしいデコレーション。

使用したフルーツ
パイナップル、グレープフルーツ、オレンジ、キウイフルーツ、イチゴ、パパイヤ、トンプソンシードレス〈ブドウ〉、サクランボ、レモン

パイナップルボート

果肉をとりだし、ボートに見立てて。ダイス状の果肉とともにメロン、スイカ、パパイヤ、オレンジなどのくし形切りなど、食べやすいカットを盛りつける。右上または左上に大きめのフルーツを盛るとバランスがよくなる。

使用したフルーツ
パイナップル、スイカ、メロン、キウイフルーツ、グレープフルーツ、オレンジ、レモン、パパイヤ

フルーツ3段盛り

パーティーには欠かせない3段の盛り合わせ。下段から順に盛りつけていくのがルール。aはメロンのスワンを主役に、各段ごとバランスのとれた彩りと華麗で豪華なカッティング。bはパイナップルクラウンを主役に、見事に調和のとれた彩りで、人目を引くデコレーションに仕上がっている。立食パーティー向きに、食べやすくほとんどの皮をカット。

a

使用したフルーツ
上段/メロン(スワン)(ボール)、レッドグローブ・トンプソンシードレス〈ブドウ〉、パイナップル(スライス切り)、ラズベリー
中段/オレンジ(フラワー)、グレープフルーツ(カップ盛り)、ライム(花びらカット)
下段/オレンジ(丸むき)、メロン(スター)(スライス切り)(カービング)、イチゴ

使用したオードブル台
最大直径70.5cm×高さ66.5cm

使用したフルーツ
上段/パイナップル(クラウン)(スライス切り)(くし形切り)、メロン(ボール)、パパイヤ(くし形切り)、ライム(くし形切り)、ラズベリー
中段/オレンジ・グレープフルーツ(くし形切り)、メロン・パイナップル(角切り)、マンゴー(カップ)、初恋の香り〈イチゴ〉、ランブータン、マンゴスチン、巨峰〈ブドウ〉、サクランボ
下段/パイナップル(カヌー)、スイカ(ハーフカット)、キワノ(輪切り)、マンゴー(角切り)、レモン(バタフライ)、ピタヤ・チェリモヤ・ザクロ(くし形切り)、パッションフルーツ(ハーフカット)、スターフルーツ(スライス)

使用したオードブル台
最大直径70.5cm×高さ66.5cm

b

FRUITS SERVING

大皿盛り

盛り合わせのポイントは、センターを決め、そこを高く盛りつけてバランスをとること。大型フルーツや見映えのするカッティングをセンターに盛るとまとまりがよくなる。目的や人数に合わせて、オーバル(楕円形)・角・丸皿の盛り合わせに対応できるカットテクニックを身につけておきたい。

角盆盛り合わせ

スイカ、2種のメロンのカービングでセンターをマーク。さらにパパイヤのカービング、パイナップルのカヌー、オレンジのフラワーでバランスをとって。赤・黄・オレンジ3色の彩り、見映えのする華麗な盛りつけ。

使用したフルーツ
[カービング] スイカ(バラ)、クインシーメロン(フラワー)、ハネデューメロン(フラワーバスケット)、パパイヤ(ひまわり) [その他] パイナップル(カヌー)、スイカ(斜めスライス切り)、オレンジ(フラワー)、スイカ(ボール)

使用した角盆　横47.5cm×縦36cm

オーバル(楕円)皿盛り合わせ

センターにマンゴーフラワーをおき、左右対称の盛り合わせ。大きめのカッティングで位置決めし、小さなカッティングでバランスをとるとよい。

使用したフルーツ
スイカ(斜めスライス切り)、パイナップル(斜め切り)、マンゴー(フラワーカップバラ)、メロン(ダブルカット)、グレープフルーツ・オレンジ(くし形切り)、サクランボ、ブルーベリー

使用したオーバル皿　長径43cm

丸皿盛り合わせ

中央にメロンのスワンでマーク。パイナップルを土台にメロンのスワンをのせ、パイナップルのスライス切り、ブドウの順にバランスよく盛りつけ、最後にラズベリーを飾る。彩り、カッティングともにまとまりのある盛り合わせ。

使用したフルーツ
メロン(スワン)(ボール)、レッドグローブ・トンプソンシードレス〈ブドウ〉、パイナップル(スライス切り)、ラズベリー

使用した丸皿　直径38cm

PART 1

フルーツ
カットの
テクニック

形、果肉の性質、甘みの分布、香りなど、フルーツによって異なるので、カットテクニックも変わってくる。食べやすくて美しい技術をマスターしましょう。

FRUITS CUTTING TOOL
フルーツカッティングの道具

本書で使用した道具をご紹介する。ナイフは大小揃えて、フルーツの大きさによって使い分けるとよい。くりぬき器や芯抜きも便利な道具なので、ぜひ揃えておきたい。

**パイナップル用
芯抜き**

芯の中心にさし、一気に底まで下げたらまっすぐ引き上げると、芯がきれいに抜ける。

**パイナップル用
皮むきと芯抜き**

スクリュー状の刃をまわし入れ、引き上げるとあっという間に皮もむけるし芯も抜ける。

キッチンバサミ

細かい作業に何かと役立つ優れもの。万能に使えるものを揃えておきたい。

**くりぬき器
（直径3.5cmと3cm）**

果肉をボール状にくりぬく道具。小さなフルーツの芯抜き、タネや筋とりにも使える。

**くりぬき器
（2.5cmと2cm）**

果肉をボール状にくりぬく道具。小さなフルーツの芯抜き、タネや筋とりにも使える。

カービングナイフ

タイの伝統工芸カービング用のナイフ。手軽なものから高級なものまで多種多様。

**グレープフルーツ
ナイフ**

グレープフルーツやオレンジなどの柑橘系のフルーツの果肉をくりぬくためのナイフ。

ピーリングナイフ

カービング用に刃がカーブしている。細工用のカットに重宝。ウェーブのカットに最適。

**ペティナイフ
（刃渡り11cm）**

皮むきや果肉のスライスカットなどに使う。小型フルーツに出番が多いナイフ。

**ペティナイフ
（刃渡り10cm）**

刃渡り11cm同様に、皮むきや芯とり、果肉のスライスカットなどに使う。

**ナイフ
（刃渡り16cm）**

基本のフルーツカット用のナイフ。刺身を切る感覚で行うと、なめらかな切り口に。

**ナイフ
（刃渡り21cm）**

スイカ、パイナップルなどの大型フルーツに向いている。硬い芯をカットするときにも。

**ナイフ
（刃渡り27cm）**

スイカ、パイナップルなどの大型フルーツに向いている。1/2にカットするときに多用。

ナイフ

名称　　GLOBAL-PRO
　　　　（グローバル プロ）

材質　　刀身：刃物用ステンレス
　　　　柄：18-8ステンレス

製造・販売　吉田金属工業㈱

入手方法

ナイフ（現在、終売）以外、他の道具はネット通販で入手できます。

メロン

カッティングの種類は豊富なので、高級感のあるフルーツがより一層華やいで見える。甘みは枝付きより花落ち（お尻）の方が強いので、縦に等分に切り分けるくし形切りが甘みを等分に分けられる。おいしい果汁を出さないように注意して、用途に応じて使い分けたい。また、皮が厚いので、薄皮をカットしておくと食べやすくなる。

DATA:

旬： 1 2 3 4 5 **6 7 8** 9 10 11 12　**6〜8月**（ハウスもののマスクメロンは一年中）

選び方と食べごろ
マスクメロンは網目が細かくはっきりとしていて、花落ち部分は小さくしまり、枝は太くしっかりしているものがよい。お尻部分がやわらかくなり、香りが強くなったら食べごろ。ハネデューメロンは果皮に傷がないものを選ぶ。

エネルギー（可食部100gあたり）
42kcal

品種
マスクメロン、ハネデューメロン、プリンスメロン、アンデスメロン、夕張メロンなど。

保存
常温保存。カットしたものは、タネとワタの部分をとって冷蔵保存する。完熟後、食べる2〜3時間前から冷蔵庫で冷やす。果肉は冷凍保存可。

甘みの分布

タネのとり方

1 枝をカットし、枝の部分より、縦に2等分にカットする。

2 タネの部分をきれいにとるために、筋の両端の2ヵ所を切る。

3 くりぬき器やスプーンで、花落ちの方よりタネをとり除く。こうするときれいで、果肉が傷つかない。

薄皮のカット

1 果肉がやわらかい花落ちの方より、切りはなさないようにナイフを2/3まで入れる。

2 皮の内側にナイフを入れる。皮の厚みをカットすることで、皮の細工がしやすくなり、食べやすくなる。

memo:
くし形切りの皮をカットする方法
花落ちより先端を立てぎみにまな板につけ、そこからナイフを入れ、メロンをまな板にそわせて一気にカットする。

基本のカッティング

縦8等分のくし形切りが基本のカッティング。皮の飾り切りで華やかな演出ができる。

くし形飾り切り

a 1

花落ちの方よりナイフを入れる。切りはなさず、皮と果肉の間にナイフを入れて薄皮をカット。

2

皮の部分にナイフを入れる。皮と果肉の間にはさみ込む。

くし形飾り切り

b 1

花落ちの方よりナイフを入れる。皮と果肉の間にナイフを入れて薄皮をカット。皮と果肉の間にはさみ込む。

> **memo:**
> **くし形飾り切りのバリエーション**
>
>
>
> 2本切り目を入れ、中央部分を内側に折り曲げる。

くし形飾り切り

c 1

1/3を残して果肉をカットし、片側の皮をカットする。

2

反対側も同じようにV字になるように中心を残し、カットする。

3

皮を裏返してさし込む。

果肉にかくし包丁を3ヵ所入れておくと、スプーンで食べやすくなる。

応用のカッティング

くし形切りの応用編。立体感のある盛りつけ、他のフルーツと盛り合わせても美しい。

メロンのスター

1 1/8カットを2つ用意する。カットした2つを皮と果肉の間にナイフを入れ、2/3くらいまでカットする。

▽

2 2つを皮と果肉の間にそれぞれはさみ込んで、斜めに交差させる。

メロンのサークル盛り

1 1/8カットにする。皮と果肉の間にナイフを入れ、一気に切って皮を切りはなす。

▽

2 果肉を斜めにカットする。同じ厚さ、同じ長さに整える。

▽

3 皮を斜めにカットする。2とともに円（サークル）を描くように盛りつける。

> **memo:**
> **メロンのサークル盛りのバリエーション**
> 果肉は食べやすい大きさにカット。レッドメロンの果肉と盛り合わせても美しい。中央にフルーツを添えれば盛り合わせが完成。

斜め切り

1 1/8カットにする。両端の果肉を少し残して、ハの字にカット。

2 皮と果肉の間にナイフを入れ、果肉を切りはなす。

3 果肉を斜め切りにして、皮にずらして盛る。

メロンのトライアングル

1 1/4カットにし、横に2等分にする。

2 皮と果肉を切りはなす。3方向より、ナイフを少しずつ入れ、カットする。

3 皮にずらしてのせる。

ダブルカット

a

1　1/8カットにする。花落ちから1cmくらいのところより、枝付き1cm手前までカット。

2　枝付き1cm手前までカットしたら、果肉の部分を斜めに皮のところまでカットする。

3　果肉とは逆にして皮の部分を斜めにカットする。皮の部分に果肉をずらし、2つ合わせてWの字に。

切り違い切り

b

1　1/8カットにする。一気に切って皮を切りはなす。

2　果肉を食べやすい大きさにカットし、果肉をずらして皮にのせる。

デザートカット

c

1　1/4カットにする。底の皮を安定をよくするために円状にカット。

2　果肉の中央に皮のところまでナイフを入れる。

3　皮と果肉の間にナイフを入れ、果肉を切りはなす。

4　果肉を食べやすい大きさにカット。果肉をずらしてのせる。1を皮と果肉の間にはさみ込む。

FRUITS SERVING

▶ DVD ONLY

メロンのスワン

メロンのスワンは華やかで、パーティーやテーブルデコレーションにおすすめです。一見むずかしそうに見えますが、下図を描いておけばピーリングナイフ1本で完成します。メロンは形がよく、ネットがきれいなものを選ぶとよいでしょう。メロンの種類やナイフの入り方を変えたり、盛り合わせるフルーツを変えることで七変化を楽しめます。

マスクメロンのスワン

高級感のあるマスクメロンを使ったスワンは、人目をひくカッティング。ナイフの入れ方によってスワンの七変化も楽しめる。

ハネデューメロンのスワン

果肉の白いハネデューメロンのスワンもまた一興。中からのぞくメロンボールが愛らしい。果肉の色によっても趣も異なり、華やかさを添える。

パイナップル

硬い皮についている突起物は、硬い亀甲紋状の小果である。タネはなく、葉先より茎の方（お尻）が甘みが強い。パイナップルの場合、硬い皮を茶色い芽の部分まで届くように厚めにむくのがポイント。葉の形や硬い皮を生かした飾り切り、器に見立てたオブジェなどいろいろに楽しめる。芯は煮込料理などに使用できる。

DATA:

旬： 1 2 3 4 5 6 7 8 9 10 11 12　一年中（フィリピン産）

選び方と食べごろ
葉が小さく引きしまり、下の方の肉づきがよく、つぶれていないもの。全体が黄色くなっているもの。甘い香りがでてきたら食べごろ。

エネルギー（可食部100gあたり）
51kcal

品種
スムースカイエン、ブランコ、クイーン、ソフトタッチ、ハニーブライト、ゴールデンパインなど。

保存
冷蔵庫で保存。葉を下にしておくと甘みが全体にいきわたるといわれている。果肉は冷凍保存もできる。追熟しないのでなるべく早く食べる。

甘みの分布

4 / 3 / 2 / 1

葉のとり方①②

葉をつかみ、上、下左右にまわしとる（①）。

斜めにし、余分な葉をナイフで一周カットする（②）。

皮のむき方

① 両端をやや厚めにカットする。

② 縦におき、芽の部分の内側にナイフを入れ、皮を一周カットする。

> **memo:**
> **パイナップルの栄養**
> ビタミンC、ビタミンB_1、食物繊維が豊富。疲労回復・老化防止・美肌効果。たんぱく質分解酵素があるので消化を助ける効果も。

基本のカッティング

果肉の中心の芯をとること。甘みを均等に分けるにはくし形切り。輪切りも食べやすい。

4種の共通プロセス

1 縦に2等分にカットする。

2 芯の部分をV字形にカットする。

3 中心にナイフを入れる。1/4にカットする。

4 1/4にカットする。

ダイスカット

a

1 共通プロセスの1/4カットを横にスライスする。

2 縦に何本かナイフを入れカットする。

3 横にし、揃えて端からダイス状にカットする。

斜めスライス切り

b

共通プロセスの1/4カットを三角形になるようにカットする。

スティック切り

c

共通プロセスの1/4カットを縦に何本かナイフを入れカットする。

スライス切り

d

共通プロセスの1/4カットを斜めにスライス切りにカットする。

応用のカッティング

皮の模様や葉などを生かして飾り切りすると見映えがする。1/8カットは1人分になる。

カヌーの共通プロセス

1 葉と皮をつけたまま1/8カットにする。芯の部分の下側にナイフを入れ葉先まで切る。

2 芽の内側にナイフを入れて果肉をとりだす。

3 果肉を6〜8切れに切る。

4 果肉を皮に戻し入れる。

カヌー a

果肉を皮に戻し入れたら、果肉をずらして盛る。

カヌー b c

1 芯の部分を斜めにカット。ナイフの入れ方を変える。

2 反対側も同様にカット。芯を少し残す。

カヌー d e

d 果肉を斜めにスライスする。
e 芯の部分を半分カット。果肉をずらして盛る。

カヌー

1 芯の部分をV字形にカットし、果肉をとりだす。

2 片側に1本、V字形にカットし、果肉をとる。

3 もう1本、V字形にカットし、果肉をとる。

4 もう片側も同様にカットする。

5 食べやすい厚さのスライスにカットする。ツリーの形になる。

1/8カット

a-1 1/8カットにする。両端をカットする。

a-2 芯の部分をV字形にカットする。

a-3 芽の内側にナイフを入れ、果肉をとりだす。

a-4 果肉を斜めにスライスする。皮にずらして盛る。

1/8カット

b-1 葉先部分を1/3くらいカットする。芯の部分をカット。

b-2 芯をカットし、芽の内側にナイフを入れ、果肉をとりだす。食べやすい厚さにカットする。皮にずらして盛る。

b-3 1でカットした部分の果肉をとりだす。

ハーフカット盛り

a 1　横1/2にカットしたパイナップルを縦半分にカットし、半月にナイフを入れる。

2　指で押して果肉をとりだす。

3　果肉の芯をＶ字形にカットし、適当な厚さにカットする。皮の器に盛る。

パイナップルのクラウン

b 1　横1/2にカットする。

2　芯抜きを使って芯をとる。

3　縦におき、芽の内側にナイフを入れ、一周ぐるりとまわす。

4　1でカットした端をパイナップルの大きさにカットする。

5　端の部分を底にする。

6　縦1/2にカットしたパイナップルを横にし、適当な厚みにスライスし、皮の部分にのせる。

バタフライ

横1/4にカットし、さらに縦1/2にカットする。芯の部分をV字形にカットする。

両脇の果肉を芯に向かってカットする。

芽の内側にナイフを入れ、果肉をとりだす。

V字にナイフを入れ、果肉をカットする。

反対側も同様にカットする。全部で5ヵ所V字にカット。

適当な厚さのスライス切りにカットする。バタフライ（蝶々）の形になる。

スイカ

果汁たっぷりのフルーツなので、果汁を逃がさないようにカットするのがコツ。中心から皮に向かって甘みが薄くなる。甘みを等分にカットするには、くし形切りがよい。大型フルーツは、刃渡りの長いナイフを使うと切りやすい。露地物は正面から見て張りの強い方にナイフを入れ、斜めに2等分すると甘みが等分になる。

DATA:

旬: 1 2 3 4 5 **6 7 8** 9 10 11 12　　6～8月（ハウスものは一年中）

選び方と食べごろ
枝は太くしっかりしていて、縞模様ははっきりとしていてつやがあり、花落ち部分が小さくしまり、左右対称のものがよい。カットスイカは、タネは黒く、白いタネがなるべくないものを選ぶとよい。タネのまわりが甘い。

エネルギー（可食部100gあたり）
37kcal

品種
大玉スイカ、小玉スイカ、黒部スイカ、ラグビーボールなど。

保存
玉のスイカは風通しのよい日陰で3～4日、カットスイカはラップ材をかけて、冷蔵庫で1～2日保存が可能。1～2日で食べる。甘みを感じる温度は15度くらい。追熟しないフルーツ。

甘みの分布

くし形飾り切り

1 1/8カットにし、果肉に5ヵ所の切れ目を入れる。

2

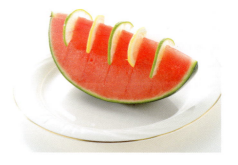

memo:
切れ目にフルーツを飾る
レモンとライムの輪切りを切れ目にはさむと、彩りもよく、目にも楽しい。オレンジやキウイフルーツの輪切りをはさんでも一興。

基本のカッティング

くし形切りは甘みを等分にカットできる。刃渡りの長いナイフを使うと切りやすい。

くし形斜め切り

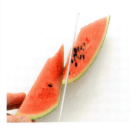

1/8カットにし、斜めに2等分する。

切り違い切り

1

1/8カットにする。皮と果肉の間にナイフを入れてカットする。

2

果肉に切り込みを入れ、ずらして皮にのせる。

等分切り

1

1/8カットにする。ナイフを中心より、右から5等分にカットする。

2

甘みも等分にカットされ、手に持って食べやすい。

皮つきスライス切り

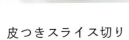

1/8カットにする。皮を手前にし、左から斜めにスライスする。

応用のカッティング

縞目模様と果肉の色の鮮やかさとのコントラストをカッティングで生かす。

ハーフカップ盛り

1　横に2等分にし、端をやや厚めにカットする。

2　皮と果肉の間にナイフを入れ、ぐるりとまわして果肉をカットする。

3　1の端を2の底に入れ、カップにする。

4　果肉を一口大に切り、カップに盛る。

ツリーカット

1　1/8カットにし、両端をカットし中心を使う。

2　両面に2本ずつ、ナイフでV字の切り込みを入れる。

3　2〜3cm幅にスライスする。

サークル盛り

1/8カットにする。皮と果肉の間にナイフを入れ、一気に切って皮を切りはなす。

果肉を斜めにカットする。同じ厚さ、同じ長さに整える。

皮を斜めにカットする。2とともに円（サークル）を描くように盛りつける。

スティックカット

横に2等分にし、2～3cm幅にカットする。

1と直角になるように向きを変え、2～3cm幅にカットする。

一切れずつ取り出して盛りつける。

> memo:
> **スイカのタネは12列ある!?**
> 横に2等分にし、タネの部分を1、2、3…と数えていくと12列あります。

グレープフルーツ

実がブドウの房のようになるので、グレープフルーツと名づけられた。果肉の色は白色・ピンク・赤色のルビーがある。タネが少なく、さわやかな酸味と果汁の多いフルーツで、ハーフカットをスプーンで食べるのが一般的。カッティングの種類は豊富で、オレンジにも応用できるものも多い。

DATA:

旬： 1 2 3 4 5 6 7 8 9 10 11 12

5～10月（カリフォルニア産）
10～5月（フロリダ産）　6～10月（南アフリカ産）

選び方と食べごろ
形が全体に丸く整い、枝付きを軽く押して弾力があるもの。ハリがあって重量感があり、押し傷などないものを選ぶ。

エネルギー（可食部100ｇあたり）
38kcal

品種
マーシュシードレス、レッドブラッシュ、トムソン、スタールビーなど。

保存
冬は風通しのよいところ。夏はビニール袋に入れ冷蔵庫へ。日持ちは１週間くらい。

基本のカッティング

枝付きより皮が薄いお尻の方よりナイフを入れるとよい。果汁がでやすいので手早く。

くし形飾り切り

a

1. 縦に2等分にカットする。さらに4等分にカットする。

2. カットしたものを横にして、芯だけ縦にカットする。

3. 皮と果肉の間にナイフを入れ、皮の2/3のところまでカットする。

4. 皮を斜めにカットする。

b

薄皮の部分を1/3ほどカットする。内側に折る。

c

1. 薄皮の部分を1/3ほどカットする。

2. 皮の片側に4本の切り込みを入れる。皮を内側に曲げる。

d

皮の片側に斜めに切り込みを入れる。皮を内側に曲げる。もう1本入れてもよい。

e

皮の部分にハの字に切り込みを入れる。皮を内側に曲げる。

f

皮の両側に斜めに2本の切り込み（3本でもよい）を入れる。皮を内側に曲げる。

g

皮と果肉を切りはなし、皮にずらしてのせる。

応用のカッティング

皮と果肉の色の美しさが映えるカッティング。食べやすい工夫で一段と華やぐ。

カップ盛り

a

横に2等分にカット。芯の部分をペティナイフで、皮のところまで斜めにカット。

果肉をひっくり返して、皮のカップに戻し入れる。

b

横に2等分にカットする。さらに端をカット。

皮と果肉の間にグレープフルーツナイフを入れ、果肉をくりぬく。

皮と果肉の間にナイフを入れ、果肉をくりぬく。

果肉を食べやすい大きさにカットする。1の端を入れた皮を器にして盛りつける。

ツインカップ盛り

1 皮を枝付きの方からサークル状にカットする。

⌄

2 最後までカットし、残りを水平にカット。

⌄

3 皮をぐるぐる巻いて2つの器にする。底を上にする。

⌄

4 果肉を縦に2等分にカットする。

⌄

5 芯の部分をとり除く。

⌄

6 果肉をくし形切り、半月切りにカットし、器に盛りつける。

シングルカップ盛り

1 aの3で、皮を1/2にカットする。

⌄

2 果肉をくし形切りにカットする。

memo:
カップ盛りは盛り合わせに最適

果肉のカットの仕方で、花のようにも羽根のようにも盛りつけができる。レモン、ライムのスライスやサクランボを飾って、香りのよいジューシーフルーツの夢の饗宴が実現。

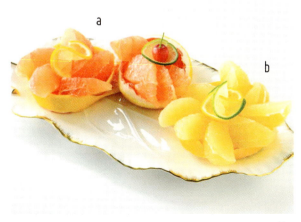

グレープフルーツの バスケット

1 枝付きの方から1/3ほどのところをカットする。皮の縁を5mm幅に左右からカットする。

4 果肉を食べやすい大きさにカットする。**2**の皮の部分を持ちあげ、中央をリボンで結び、バスケットにする。

> **memo:**
> ### バスケットの活用法
> バスケットの持ち手は、切り込みを入れた皮の部分でできている。何色かのかわいいリボンで結んで仕上げる。子どもの誕生会やパーティーなどに喜ばれる。

2 2ヵ所だけ1cmほど残しておく。

3 皮と果肉の間にグレープフルーツナイフを入れ、果肉をとりだす。

花車

1. 枝付きの方からカットし、花落ちの方へすすめる。

2. グレープフルーツの丸みにそってカーブさせて、反対側まで一気にカットする。

3. 残っている皮の部分を下にしてナイフを入れ、皮をカットする。

4. 果肉をスライス切りにする。

フラワーカット

1. グレープフルーツの下から1/2くらいのところにペティナイフを入れ、U字形のサーフカットで一周する。

2. 最後までいったら切りはなす。

3. カットした切り口が花のようになる。皮と果肉の間にかくし包丁を入れておくと食べやすい。

> **memo:**
> **フラワーカットをさらに美しく**
> イチゴやブドウ、サクランボなどを飾ってもかわいい演出ができる。

オレンジ

香りもよく、色鮮やかな皮を生かして、いろいろなカッティングが楽しめる。皮の部分を生かした飾り切りやカップ盛りなどバリエーションも豊富。皮の飾り切りは、柑橘類やメロンなどに応用できる。手でむきにくいオレンジの皮は、カッティングの技術が冴える。オレンジの種類によって切り分けるとよい。

DATA:

旬: 1 2 **3 4** 5 6 7 8 9 10 11 12

3～4月（清見）他は12～1月
5～8月（バレンシアオレンジ）　2～3月（ネーブルオレンジ）

選び方と食べごろ
果皮にハリとつやがあり、重量感のあるものを選ぶ。つやがあるものほど、ジューシーで果肉がしまっている。枝付きのところが新鮮なものもよい。

エネルギー（可食部100gあたり）
39kcal（バレンシアオレンジ）、46kcal（ネーブルオレンジ）

品種
バレンシアオレンジ、ネーブル、たんかん、セミノール、アンコール、マーコット、清見（きよみ）、デコポン、はるみなど。

保存
冬は風通しのよいところ。夏は、ビニール袋に入れて冷蔵庫へ。追熟しないので、なるべく早く食べる。

a
b

基本のカッティング

皮と果肉の間の白い部分が厚いので、皮をむくときは、この白い部分まで厚くむく。

くし形切り

1 縦に2等分にカットする。

2 芯の部分をやや大きめに、V字形に切ってとり除く。

3 4等分のくし形切りにカットする。

4 皮と果肉の間にナイフを入れ、一気に切って皮を切りはなす。皮にずらしてのせる。

> **memo:**
> **オレンジの皮のむき方**
> ①らせん状にむく場合－枝付きの方からナイフを入れ、丸みにそわせて皮をむく。
> ②縦にむく場合－両端の皮を厚めに切り落とす。皮の部分を縦に厚めにカットする。

トライアングル

1 縦に2等分にカットし、両端をカットする。

2 1.5cm幅くらいのくし形切りにカットする。

3 皮と果肉の間にナイフを入れ、一気に切って皮を切りはなす。

応用のカッティング

皮・果肉ともに彩りが鮮やかで見映えがするので、他のフルーツと盛り合わせも楽しめる。

色紙盛り

1 両端の皮を厚めに切り落とす。

2 縦に2等分にする。

3 皮と果肉の間にナイフを入れ、まな板にそわせて皮をカット。

4 芯の部分をやや大きめに、V字形に切ってとり除く。

5 4〜5切れの半月切りにし、皮の上に盛る。

房切り

1 両端の皮を厚めに切り落とす。

2 皮の部分を縦に厚めにカットする。

3 房の袋にそってナイフを入れて果肉をとりだす。

4 放射状に盛りつけ、ミントの葉を飾る。レモン・ライムの花びらカットでも美しい。

---

memo:
色紙盛りの語源
オレンジの皮の形がやや四角なので色紙盛りという。

色紙盛り

房切り

フラワーカット

1/2のところにペティナイフを入れ、V字形にカットする。

⌄

ナイフの深さは中心までで止め、一周カットしたら、2つに切りはなす。皮と果肉との間をカットしておく。

オレンジのバスケット
（花器に見立てて）

皮をピーラーでらせん状にむく。

⌄

中央を1cm幅に1/3くらいまで切り、片側の部分を切りとる。

⌄

反対側も同様に切りとる。

⌄

4 持ち手の内側の果肉をナイフでカット。

7 とりだした果肉は食べやすい大きさにカットする。

> **memo:**
> **バスケットの
> バリエーション**
>
> 写真のように、花を飾るほか、くりぬいた果肉のくし形切りを盛っても美しい。ひも状にむいた皮も香りがよいので、バスケットの脇に盛るとよい。

5 中の果肉をグレープフルーツナイフでくりぬいてとりだす。

8 2、3で切りとった部分の中の果肉もカットする。

6 皮をV字形に一周カットする。

キウイフルーツ

甘み、酸味、香りともに素晴らしいフルーツ。花落ちの方から枝付きの方に向かって甘くなるため、甘さを均等に分けるには、くし形切りがよい。ニュージーランドの国鳥、キウイに似ていることからキウイフルーツと命名。一般的な果肉がグリーンのほかに、果肉が黄色いゴールドキウイが出回っている。

DATA:

旬： 1 2 3 4 5 6 7 8 9 10 11 12　　4～11月（ニュージーランド産）　11～3月（国産）

選び方と食べごろ
卵形をして、果肉全体が均等の硬さがよい。うぶ毛が全体に均等で、傷のないもの。押してみて、少しやわらかいものは甘みがあっておいしい。

エネルギー（可食部100gあたり）
53kcal

品種
ヘイワード、ブルーノ、アボット、香緑、ゴールドキウイなど。

保存
風通しのよいところで追熟させる。熟してから冷蔵庫で保存。未熟なものは、冷蔵庫で1ヵ月保存できる。

甘みの分布
3
2
1

a
b

基本のカッティング

枝付きの方の硬い突起状の芯をとり除くことがポイント。くし形切りにするのが基本。

皮のむき方と くし形切り

a

1. 枝付きの方にナイフを入れ、硬い突起状の芯にそってナイフを入れ、芯をとる。

2. 花落ちの方も切り、枝付きから花落ちに向かって皮をむく。

3. 縦に2等分にし、くし形切りにカットする。

皮のむき方と トライアングル

b

1. 枝付きの方にナイフを入れ、硬い突起状の芯をとる。縦に2等分にし、くし形切りにカットする。

2. 皮と果肉の間にナイフを入れ、一気に皮を切りはなす。

3. 約2等分になるよう斜めにカットする。

皮のむき方と 輪切り（P42参照）

c

1. 両端を切り、適当な厚さの輪切りにする。

2. 皮と果肉の間にナイフを入れ、ぐるりと回転させ皮をむく。

---

memo:

花落ち部分の再利用

捨ててしまう部分も、カップ盛りにすれば再利用できる。

応用のカッティング

目先を変えたカッティングと皮を生かしたカップ盛り。盛り合わせに華を添える。

皮のむき方とフラワーカット

1 枝付きの方にナイフを入れ、硬い突起状の芯をとる。反対側の端もカットする。

2 果肉に浅く縦にV字形の溝を8ヵ所くらい入れていく。

3 残った皮の部分をすべてむく。

4 食べやすい厚さにカットすると、切り口が花形になる。

ハーフカップ盛り

1 縦に2等分にカットする。

2 硬い突起状の芯の部分をカットする。

3 グレープフルーツナイフを入れ、ぐるりと一周させ果肉をとりだす。

4 縦に2等分にし、皮のカップに立体的に盛る。

> **memo:**
> **芯が果肉に残ってとれないとき**
> 円すい形にナイフを入れ、芯をとるときれいにとれる。

カップ盛り

1　両端を切り、2等分にカットする。

2　皮と果肉の間にナイフを入れ、ぐるりと回転させ皮をむく。

3　2の皮と1で切りとった部分を底にしてカップを作る。

4　果肉を食べやすい大きさにカットする。

a　
b　適当な厚さの輪切りにする。

キャンドル

1　両端を切り、皮は下側1/3を残し、1cm幅にむく。

2　枝付きの方にくりぬき器で丸いくぼみをつくる。

3　くりぬいた形。

4　1枚ずつ内側に皮を丸めてはさむ。スイカボールを炎に見立ててのせる。

> memo:
> **キャンドルの炎に見立てるフルーツ**
> メロン、スイカ、マンゴー、パパイヤなど彩りのよいフルーツがおすすめ。

パパイヤ

「青いうちは野菜、黄色くなったら果物」といわれるように、皮が黄色くなれば食べごろ。パパイヤにはパパインという酵素があり、動物性たんぱく質をやわらかくする働きがある。肉料理との相性もよい。タネはやわらかい果肉を傷めないように、くりぬき器やスプーンなどを使って、ていねいにとり除く。

DATA: 旬： 1 2 3 4 5 6 7 8 9 10 11 12　一年中（ハワイ産）　5〜8月（国産）

選び方と食べごろ
果皮に傷などなく、ボリューム感があり、ふっくらしたものを選ぶ。皮がやわらかくなったら食べごろ。果皮がべたつくのは、糖分が外にでているので果肉は甘い。お尻が甘いので、くし形切りが甘みを等分に分けられる。

エネルギー（可食部100gあたり）
38kcal

品種
ソロ種、サンライズ

保存
風通しのよいところで追熟させる。完熟したら冷蔵庫に入れ、約1週間保存できる。

甘みの分布
3
2
1

基本のカッティング

皮をむくときは枝付きの方は厚めに、花落ちの方は甘みが強いので、薄めにむくとよい。

くし形切り

縦に2等分にする。

皮と果肉の間にナイフを入れ、一気に皮を切りはなす。皮にずらしてのせる。

花落ちの果肉のやわらかい方より、スプーンかくりぬき器でタネと筋をとり除く。

皮を1/3までカットし、片側だけ斜めに切る。内側に折る。

くし形切りにカットする。

扇切り

1/4カットにして、皮と果肉の間にナイフを入れ、皮を切りはなす。

縦に細く切り目を1/3くらいまで入れ、扇形に開く。皮にずらしてのせる。

> **memo:**
> **タネをきれいにとる方法**
>
> やわらかい果肉を傷めないように、スプーンかくりぬき器などを使って、花落ちの方よりていねいにとり除く。

応用のカッティング

カップやボートは見映えがする。熟した果肉を傷めないように手早くカットする。

切り違い切り

a

1 1/4カットにし、枝付きの部分をカットする。

2 皮と果肉の間にナイフを入れ、皮を切りはなす。

3 果肉を6切れに切る。皮の上にずらして盛り、切り違い切りにする。

パパイヤカップ

b

1 1/2カットにし、枝付きの部分をカットする。

2 果肉をグレープフルーツナイフできれいにくりぬく。

3 皮の上にのせる。果肉に3本切り目を入れる。

4 少しずらしてライムやレモンを飾る。

パパイヤボート

横に2等分にカットする。

一周U字にカットする。タネと筋をとり除く。

枝付きの部分をV字形にカットする。

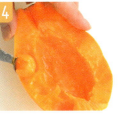
果肉部分を、くりぬき器でパパイヤボールにする。

くりぬいたところに、パパイヤボールをのせていく。

> **memo:**
>
> ### ボールの作り方
>
> くりぬき器を水平にあてたら、手早く回転させてくりぬくときれいなボールができる。メロン、スイカなどでも雰囲気が変わる。
>
>
>
> スイカの例

アボカド

熟し加減によって、カッティングの仕方も違ってくる。食べる直前に切り、レモン汁をかけると果肉の褐変が防げる。ねっとりとした舌ざわりで「森のバター」ともいわれ、栄養価が高い。サラダや料理などの食材にもなる。中心にあるタネにナイフの刃をさしてひねると、上手にタネがとれる。

DATA: 旬 | 1 2 3 4 5 6 7 8 9 10 11 12 | 一年中（アメリカ・メキシコ産）

選び方と食べごろ
果皮は緑色で硬く、傷のないもの、ヘタと皮のすき間が少ないものを選ぶ。果皮が緑色から黒っぽくなり、枝付きの部分にしわがでたら食べごろ。

エネルギー（可食部100ｇあたり）
187kcal

品種
ハス、フェルテ、ベーコン、ズタノなど。

保存
未熟なもの、追熟したものも風通しのよいところで保存する。カットしたものは果肉にレモン汁を絞り、ラップ材に包んで冷蔵庫へ。

基本と応用のカッティング

食べごろの果肉はやわらかいので注意して、手早く一気にカットする。

皮のむき方とタネのとり方

1 タネにとどくまで深めにナイフを入れ、ぐるりとひとまわり切り込む。

4 刃先で皮に切り目を入れる。その切り目からはがすように、手で皮をむく。

ダイスカット

b 縦横にナイフを入れ、ダイス状にカットする。皮のカップに盛る。

2 両手で軽くひねるようにすると、2つに割れる。

スライス切り

a 切り口を下にし、薄くスライスする。

くし形切り

c **1** 皮つきのまま縦に2等分し、タネをとり除く。4等分にカットする。

3 ナイフの刃をタネにさしてひねると、タネがきれいにとれる。

2 皮と果肉の間にナイフを入れ、皮を切りはなす。皮にずらしてのせる。

アボカドのリング

1 横1/2のところにナイフを入れ、タネまで深くぐるりと切り目を入れる。

4 刃先で皮に切り目を入れる。

> memo:
> ### リングの盛りつけバリエーション
>
>
>
> 輪切りに切り目を入れて輪をつないだ盛りつけも、遊び心が感じられる。

2 両手でひねって2つにする。

5 その切り目からはがすように、手で皮をむく。

3 ナイフの刃をタネにさしてタネをとる。

6 輪切りにする。

カップ盛り

1. 皮つきのまま縦に2等分し、タネをとり除く。4等分にカットする。

2. 皮と果肉の間にナイフを入れ、皮を切りはなす。

3. 果肉を斜めにカットする。

4. 皮をむいたもう半分の果肉に盛る。

マンゴー

ペリカンマンゴーは、ペリカンのくちばしのような形で皮が黄色い。一方、アップルマンゴーは、リンゴのように丸くて赤い。香りがしてきて果肉が少しやわらかくなったら食べごろ。他のフルーツと違って、平たいタネが果肉の真ん中にあり、タネをとるには「三枚おろし」にする独特の切り方がある。

DATA:

旬： 1 2 3 4 5 6 7 8 9 10 11 12
2〜7月（フィリピン産）　4〜10月（メキシコ産）
8〜9月（アメリカ産）　4〜8月（国産）

選び方と食べごろ
果皮はなめらかでつやとハリがあるもの。果皮に黒い斑点があったり、傷があるものは避ける。香りがでて、枝付きのまわりがやわらかくなったときが食べごろ。

エネルギー（可食部100ｇあたり）
64kcal

品種
カラバオ、ヘイデン、ケイト、ケント、アーウィン（宮崎県・沖縄県）など。

保存
風通しのよいところで追熟させる。熟したら冷蔵庫へ。食べる2時間くらい前に入れるとよい。なるべく早く食べる。

甘みの分布
3 / 2 / 1

基本のカッティング

一番のポイントはタネのとり方。真ん中にタネがあるので三枚おろしにする。

斜めスライス切り

1 枝付きの方から平たいタネの上に水平にナイフを入れる。反対側も同様に。

⌄

2 2つの果肉は、それぞれ三つ切りにする。

⌄

3 それぞれの皮を切りはなす。

⌄

4 横にして斜めにスライスすると食べやすい大きさになる。

ダイスカット

a **1** 枝付きの方から平たいタネの上に水平にナイフを入れる。

⌄

2 三枚おろしにしたら、皮は残して果肉だけに格子状の切り目を入れる。

⌄

3 皮の中央を押すようにして返すと、切り目が開いてダイスのようになる。

b 斜め格子状に切るやり方もある。

a

b

応用のカッティング

果肉の部分が少ないので、ボリューム感をだすように工夫したい。

クォーターカット

a

1

タネまで垂直にナイフを入れ、横からタネにそってカット。

2

1/4にカットしてとり、皮をむく。

3

果肉を食べやすい大きさにカットする。**1** でカットしたものに盛る。

フラワーカップ

b

1

三枚おろしにする。

2

皮の丸みにそってペティナイフを入れて、果肉をカット。

3

果肉を斜めにスライスする。

4

果肉をバラのように形作り、皮のカップに盛る。

a / b

カップ盛り

a 果肉を薄くスライスする。皮のカップに盛り、ライムを添える。

b 果肉を食べやすい大きさにカットする。皮のカップに盛る。

c 三角形になるようにカットする。皮のカップに盛り、ライムを添える。

マンゴーのフラワー

1 ナイフで皮をむく。

2 下から上へ、花びらのように切り込みを入れる。

3 切り込みにライムのスライスをはさみ込む。

4 別の果肉を薄くスライスして、マンゴーフラワーの周囲に添える。

バナナ

日本には生食用のものが多く輸入されている。そのまま皮をむいて食べるのが一般的だが、皮の表情を生かして盛りつけると見映えがする。褐変しやすいので、カットする部分は最小限にとどめ、なるべく食べる直前にカッティングすることが望ましい。皮の表情を生かして盛りつけると見映えがする。

DATA:

旬: 1 2 3 4 5 6 7 8 9 10 11 12　　一年中（フィリピン・エクアドル・台湾産）　7～10月（国産）

選び方と食べごろ
軸のところがしっかりして傷みがなく、大きさが揃い、カーブが大きく丸みをおびたもの。角ばらず全体に黄色く色が回り、黒いシュガースポットができたころがよい。

エネルギー（可食部100gあたり）
86kcal

品種
キャベンディッシュ（フィリピンバナナ）、北蕉（ほくしょう。台湾バナナ）、仙人蕉（せんにんしょう。台湾バナナ）、グロスミッチェル種（エクアドルバナナ）。この他、モンキーバナナ、モラード（レッドバナナ）など。

保存
房から1本ずつ切り分け、風通しのよいところで追熟させる。冷蔵庫に入れるときは、1本ずつビニール袋に入れて13℃をキープ。

甘みの分布

基本のカッティング

褐変するので、最小限のカッティングで食べやすくなるカッティングを心がけたい。

基本切りabd共通

1 筋にそってナイフの刃先を入れて皮だけをカット。

≫

2 反対側も同様にカット。

≫

3 ぐるりと一周させて房の部分を残してカット。

≫

4 皮をめくりあげる。

a 果肉を食べやすい大きさに切って皮に戻し入れる。

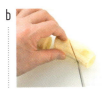
b 果肉を斜めにカットして皮に戻し入れる。

切り違い切り

c 1 中央にナイフをさし通す。

≫

2 5〜6cm切り目を入れる。

≫

3 中央を斜めにカットし、1の切り目までカット。左側にひっくり返して、反対側を2と同様の角度で、切り目までカット。

d 果肉をスライスして皮に戻し入れる。

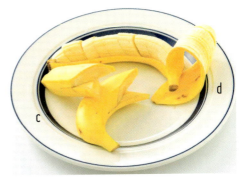

応用のカッティング

きれいな皮をケースにして盛ると、鮮度感を表現できる。

V字カット

e

1
房の部分からナイフをV字にさし通す。

⌄

2
手を添えながら、注意深くさし通していく。

⌄

3
先の方までさし通していく。

⌄

4
上下2つのきれいなV字カットができる。

カップ盛り

f

1
1/2にカットし、先を少しカットする。

⌄

2
筋にそってナイフの刃先を入れて皮だけをカット。

⌄

3
果肉を縦半分にカットする。

⌄

4
3をさらに縦半分にカットし、皮に戻し入れる。

カップ盛り

g

1
1/2にカットする。

⌄

2
筋にそってナイフの刃先を入れて、房の部分を残して皮だけをカット。

⌄

3
果肉をとりだす。

⌄

4
横半分にカットし、皮に戻し入れる。

ドルフィン

房の先に切り目を入れ、口の部分を作る。

1/2のくらいのところにナイフを斜めに入れる。反対側も同様に。

口の部分にブルーベリーを1粒さし込む。目はスイカのタネをつける。

イチゴ

改良された品種が多く出回るようになった。そのまま食べることが多いが、ケーキやデザートに使う場合は、食べやすくカッティングする必要がある。また、鮮やかな色が盛りつけのアクセントにもなる。ヘタの部分を残してもよい。大粒のものを選ぶとカットしやすい。花に見立ててカッティングするとおしゃれ感がでる。

DATA

旬： 1 2 3 4 5 6 7 8 9 10 11 12　　12〜5月　5〜8月(アメリカ産)

選び方と食べごろ
ヘタが緑色で新鮮で、果実につやがあり、赤みがヘタのところまで回っているものが完熟している証。

エネルギー(可食部100ｇあたり)
34kcal

品種
とちおとめ、あまおう、さちのか、とよのか、あきひめ、アイベリー、女峰（にょほう）など。

保存
ヘタをとらずラップ材に包んで冷蔵庫へ。食べる直前に洗い、ヘタをとる。ジュース用は冷凍保存可。追熟しないフルーツなのでなるべく早く食べる。

甘みの分布

基本のカッティング

大粒のものを選ぶとカットしやすい。ヘタをカットしてからスライス切りが基本。

フラワーカット

a

1　大粒のものを選び、ナイフで十文字に切り目を入れる。指で軽く開く。

2　中粒のもので同様にし、上にのせる。メロンボールを飾る。

スライス切り

d
f

1　ヘタの部分をカットし、縦に5〜6切れにスライスする。

2　ヘタの部分をカットし、横に5〜6切れにスライスする。

e

1　V字形に一周ナイフを入れる。

2　切りはなすと花の形になる。

リーフカット

h

1　V字形に切り込みを入れる。

2　同様に2段切り込みを入れる。

3　切り口をずらすとリーフ（木の葉）の形になる。

ハート

b

1　ヘタをとり、縦に2等分にカットする。

2　ヘタの部分をV字形にカットする。

※c、gはリーフカットのバリエーションです。

イチゴのバラ

a

1. ヘタの部分をカットし、縦に薄くスライスする。

2. 1を1粒に巻いてバラの形にする。

スマイル

b

1. 直角にカットする。

2. 口の部分ができ上がる。ブドウのタネで目の部分を作り、さし込む。

金魚

1. 1粒を縦に2等分にカットする。

2. 片方を3mmくらいのスライスにする。

3. 残った部分を縦に2等分にカット。

4. リーフカット(P61)の1を盛り、2と3を添えて金魚の形にする。ぷくぷく泡はブドウの果肉、目はブドウのタネ。

花盛り

スライス切りにしたイチゴの盛り合わせ。大粒のものを外側に、小粒のものを中心に盛るとよい。同じくスライス切りにしたキウイフルーツと盛り合わせても彩りが美しい。

レモン・ライム

レモンとライムは柑橘類の仲間である。さわやかで強い酸味と香りは、料理、デザートなどに幅広く使われる。いずれも主材料の持ち味や甘みを引き立たせてくれる。また、果汁が臭みを消したり、変色を防ぐ色どめにもなる。パパイヤやアボカドとの相性がよい。目先の変わったカッティングを楽しみたい。

DATA:

旬： 1 2 3 4 5 6 7 8 9 10 11 12　一年中（アメリカ産）　9〜12月（国産）

選び方と食べごろ
皮に傷がなく、色にムラがなく、重量感があり香りがするもの。さわやかな味、酸味ともにすぐれた果汁が多い。ライムは独特の香りがあり、酸味が強いのが特徴。

エネルギー（可食部100gあたり）
54kcal（レモン）、27kcal（ライム果汁）

品種
レモンはリスボン、ユーレカ、ビラフランカなど。ライムはメキシカンライム、タヒチライム。

保存
風通しのよい、日の当たらないところで、約1週間もつ。果汁、皮、果肉などは、約1ヵ月冷凍保存可。

a　b　c
d　e　f

基本のカッティング

果汁を絞ることが目的の切り方。切り口の断面を大きくするのがポイント。

くし形切り

a

1/8カットにする。皮と果肉の間にナイフを入れ、一気に皮を切りはなす。

b

1/8カットにし、斜めに1/2カットする。こうすると果汁が絞りやすい。

c 1

1/8カットにする。上部の白い薄皮と果肉の間にナイフを入れる。

2

皮の内側を果肉にそって切り、両端は切りはなさない。

くし形飾り切り

d 1

1/8カットにし、2/3までカットする。

≫

2

皮に2本切り込みを入れる。

≫

3

中央の皮のみ内側に曲げてはさむ。

e 1

1/8カットにする。皮の片側に切り込みを入れる。

≫

2

反対側も同様にする。切った端をそれぞれ丸めて、皮の両サイドではさむ。

f
皮の両サイドを反対方向に細い切り込みを入れる。eと同様にはさむ。

> **memo:**
> **果汁が絞りやすい**
> 前もってレモンをころころと転がしてほぐしておくと果汁が絞りやすくなる。くし形切りは、果肉に3～4本切り込みを入れ、端を持って切り口を開く。

バタフライカット

レモンの端をやや厚めに切り落とす。

a 薄くスライスして、中心まで切り込みを入れ、ひねって立てるようにする。
b 薄く切り込み、中心までで止めて、さらに、薄く切り込みを入れて切り落とす。あとはaと同様に。
c bと同様に、切り込みを2回入れ、3回目で切り落とす。あとはaと同様に。
e レモンのスライスにライムのバタフライをのせる。

花びらカット

レモンとライムの輪切り2枚に1枚は中心まで、もう1枚は上の皮を残してカットする。

2枚の切り口を交差させるように組み合わせて、立てるようにする。

輪切り

輪切りにしたレモンの皮をぐるりとまわしてカットし、最後の1cmを残す。

輪切り2枚重ね

レモンとライムの輪切り2枚に切り込みを入れる。切り込みを入れたところにさし込む。

輪切りリボン

輪切りにしたライムの皮をぐるりとまわしてカットし、最後の1cmを残してカット。両端を持ち、リボンのように皮を結ぶ。

応用のカッティング

皮の切り込みと扱い方に変化をもたせるとよい。オードブル、カクテルなどに活用できる。

スライス盛り合わせ

a

18枚にスライスして盛りつける。

レモンのバスケット

c

上部の中央を1cm幅に残し、両側を切りとる。

果肉を食べやすい大きさにカットし、バスケットに盛る。

持ち手になる中央の部分の皮の内側の果肉をとる。内側の果肉をグレープフルーツナイフでくりぬく。

レモンのバスケット

b

V字形に切りとる。

1と同様にV字形に2ヵ所切りとる。

切りとった部分をのせる。

リンゴ

品種によって甘み、酸味、香りなどそれぞれ違った個性が楽しめる。皮にも栄養があるので、皮目を生かしたカッティングをマスターしよう。リーフカットやスワンは、人目をひく技法。皮色が異なるリンゴならではのカッティングが楽しめる。カットすると果肉が変色しやすいので、塩水につけるなどの処理をする。

DATA:

旬: 1 2 3 4 5 6 7 8 9 **10 11 12**　10〜12月

選び方と食べごろ
重量感があり、果皮にハリがあり、身がしまったもの。軸が新鮮なもの。

エネルギー（可食部100gあたり）
61kcal

品種
陸奥（むつ）、ふじ、つがる、紅玉（こうぎょく）、デリシャス、スターキングデリシャス、あかね、印度、北斗、王林、世界一、ジョナゴールド、国光（こっこう）など。

保存
ビニール袋に入れ、冷蔵庫の野菜室で保存。エチレンガスの発生があるので、他のフルーツと一緒にすると、追熟を早めるので注意。

甘みの分布

基本のカッティング

タネのまわりが一番甘いので、甘みを均等に分けられるくし形切りが基本のカッティング。

a 皮のむき方〜半月切り

1 枝付きと花落ちの両端を薄くカットする。

⌄

2 枝付きを上にし、上から下にナイフで薄く皮をむく。

⌄

3 縦に2等分にカットする。芯の部分をV字形にカットする。

⌄

4 横にしておき、食べやすい厚さの半月切りにする。

---

memo:

リンゴはタネのまわりが甘い!?

タネのまわりが一番甘いといわれている。だから、タネのまわりの果肉をカットしすぎないようにするとよい。ナイフでV字形にカットするか、芯抜き器でカットする。

---

b 皮のむき方〜輪切り

1 枝付きからナイフを入れ、リンゴをまわしながららせん状に皮をカット。

⌄

2 小型フルーツ用の芯抜き器で芯をくりぬく。

⌄

3 食べやすい厚さの輪切りにする。

応用のカッティング

美しい皮の色と硬さを生かして、さまざまなカットの飾り切りができる。

くし形飾り切り
共通

a **1**

縦に2等分にカットする。

a **2**

1/4のくし形切りにする。

a **3**

芯の部分をカットする。

a-1 **1**

ペティナイフの刃先で、皮目にV字の切り込みを入れる。

a-2 **2**

切り込みを入れたところまで皮をむき、その部分の皮を切りはなす。

a-2 ぎざぎざ模様に切り込みを入れる。その部分の皮を切りはなす。

▶ DVD ONLY

a-3 ペティナイフの刃先で、皮目にW字の切り込みを入れる。切り込みを入れたところまで皮をむき、その部分の皮を切りはなす。

▶ DVD ONLY

a-4 まずV字形に切り込み、皮の両サイドもV字形の飾り切りにする。

アップルボート
▶ DVD ONLY

b 一番下は残してCと同様に切ってから、中央で切り、左右にずらしながら盛るとボートができる。1/4カット（または1/6）をV字形に切り込んでずらして盛る、リーフカットの応用。

リーフカット
▶ DVD ONLY

c 1/4のくし形切りにし、芯の部分を平らにカット。下部からV字形にカットする。さらに上に向かってV字形に切る。最後までV字形にカットし、大きい方から順にずらして木の葉形にする。

飾り切り

1. 1/8のくし形切りにし、芯の部分を平らにカット。縞模様にカットする。

2. 薄くスライスしていく。

3. 7枚くらいのスライスにする。

> **memo:**
> **飾り切りで注意すること**
> カットするときは果肉が変色しやすいので、塩水につけるとよい。ペティナイフを上手に使いこなして、いろいろな形に皮を飾ってみましょう。食卓が華やぐこと請け合い。

花盛り

1/8のくし形切りにする。芯の部分をカット。

最後を残して皮をカットする。

皮の部分をペティナイフで花びら形にカット。

2でカットした皮の内側の部分をナイフで持ちあげてとり除く。

FRUITS SERVING

リンゴのスワン

赤いリンゴ1個でこんな華麗なスワンができる。羽根や頭の部分などにカッティングのテクニックをほどこす。リーフカット（P70参照）の数が増えるほど、高度なテクニックに。ポイントは上部にいくに従って薄くなるように切ること。皮目の幅や切り口のバランスがよいと仕上がりが美しい。

リンゴのスワン

頭の形やリンゴの大きさを変えれば、親子スワン、夫婦スワンも自由自在。きれいに花を飾れば、パーティーシーンが華やぐ。

モモ

熟し加減によって皮のむき方が変わってくる。花落ちが甘いので、くし形切りが基本。ちょっと押されただけで褐変しやすいので、やさしくとり扱うこと。熟して果汁がたっぷりなものは、なるべく手早くカットする。熟していれば皮は手でむけるが、手でむけない場合は、ナイフを使って。

DATA: 旬 1 2 3 4 5 6 7 8 9 10 11 12　7～9月

選び方と食べごろ
左右対称で形がよく、押し傷のないもの。うぶ毛が揃っているもの。縫合線は深いもの。食べごろは、青っぽさが抜け、枝付き部分まで色が回っているもの。香りが強くなったら食べごろ。

エネルギー（可食部100gあたり）
40kcal

品種
白鳳、白桃、ゆうぞら、黄金桃、ネクタリンなど。

保存
風通しのよいところで追熟させる。冷やしすぎは甘みが落ちるので、完熟したら冷蔵庫へ、食べる2～3時間前に入れて冷やす。

甘みの分布

	3	
2	3	2
	1	

花落ち

基本のカッティング

完熟の皮は手でむく。手でむけない場合はナイフで。褐変しやすいので手早くがポイント。

a タネのとり方〜くし形切り

1 中央の筋（縫合線）をさけてナイフを入れ、タネの深さまでぐるりとカット。

⌄

2 両手でやさしくねじるようにする。

⌄

3 タネが果肉の一方について割れる。

⌄

4 ナイフの刃先で、タネをとり除く。

⌄

5 1/2カットにする。

⌄

6 さらに1/4カットにする。

⌄

7 皮と果肉の間にナイフを入れ、一気に皮を切りはなす。

---

memo:

タネのとり方のポイント

縫合線をさけてナイフを入れると、タネが一方の果肉について、とりやすくなる。

---

b 横スライス切り

1 枝付きの方から皮をナイフでむく。

⌄

2 食べやすい厚さのスライス切りにする。

デザートカット

1 枝付きの方にグレープフルーツナイフをさし込む。

2 ぐるりとまわしてタネをとり除く。つき抜けないように注意。

3 端を少し切って、水平に整える。

4 枝付きの方からナイフで縦に皮をむく。

デザートカットは、タネがないことに驚かされる。穴の中にアイスクリームやシャーベットを入れると、フルーツデザートが一品完成する。

> **memo:**
> **皮のむき方の ポイント**
>
> 果肉の褐変をふせぐ、また果肉を傷めないように、皮は最後にむくとよい。枝付きの方からモモの丸みにそってむくと、むきやすい。

ナシ（和ナシ）

長十郎のような赤ナシ、二十世紀のような青ナシ、幸水のような中間タイプの3種類に分けられる。花落ち（お尻）の方が甘く、赤ナシ系の皮はやや厚く、青ナシ系は薄い。切り口から褐変するので、手早くカッティングすること。皮をむくとき、皮に近いところが甘いので、なるべく薄く一気にカットすれば、切り口がなめらかに。

DATA:

旬： 1 2 3 4 5 6 7 **8 9** 10 11 12　　**8〜9月**

選び方と食べごろ
果皮にハリがあり、硬くずっしりと重い中玉。左右対称の形がよい。追熟しないフルーツ。花落ちがしまっているもの。

エネルギー（可食部100gあたり）
43kcal

品種
長十郎、幸水、新水、新高（にいたか）、豊水（ほうすい）、二十世紀など。

保存
水分が80％以上のため、ビニール袋に入れて冷蔵庫へ。追熟しないので、なるべく早く食べる。

甘みの分布

	3	
2	1	2
	1	

a / b

基本のカッティング

皮に近いところが甘いので、皮はなるべく薄くカット。一気にむくとなめらかな切り口に。

輪切り

a

くりぬき器で芯とタネをとる。

輪切りにする。

残っている芯やタネをとり除く。

皮と果肉の間にナイフを入れ、ぐるりと一周させて皮をむく。

スライス切り

b

くりぬき器で芯とタネをとる。

輪切りにする。

半分にカットしたら、皮に斜めに切り目を入れる。

切り目を入れたところまでカットし、皮をとり除く。

> memo:
> **芯のとり方①**
> 枝付きの部分にくりぬき器を力強く一気に入れて、芯とタネをとる。

> memo:
> **皮を残して カットすると 食べやすい**
> 一部の皮を残してカットすると、手に持って食べやすくなる。

トライアングル

1 縦に2等分にカットしたら、くりぬき器で芯とタネの部分をとり除く。

2 ナイフで残った芯をとり除く。

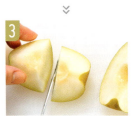
3 1/2カットにし、さらに横1/2にカットする（トライアングル形）。

4 皮と果肉の間に3方向より少しずつナイフを入れ、カットする。

くし形切り

1 縦に2等分にカットしたら、くりぬき器で芯とタネの部分をとり除く。

2 ナイフで残った芯をとり除く。

3 1/8カットにする。

4 皮と果肉の間にナイフを入れ、一気に皮を切りはなす。

> **memo:**
> ### 芯のとり方②
> 縦2等分にしたら、くりぬき器で芯とタネをとり除く。丸くきれいにとることができる。

和ナシとカキの盛り合わせ

同じ旬のもの同士を盛り合わせて。カキの色がひときわ映える。

トライアングルと
くし形切り

ナシ（洋ナシ）

ル・レクチェ、ラ・フランスはおなじみの季節のフルーツ。洋ナシは、和ナシに比べて果肉がやわらかくデリケートなので注意。時間がたつと褐変するので手早くカットする。コンポート用のカットやスライス切りも、皮を少し残すとアクセントになる。独特の香りを逃がさないように、シンプルで手早いカットテクニックを心がけたい。

DATA: 旬： 1 2 3 4 5 6 7 8 9 10 11 12　11〜12月

選び方と食べごろ
全体がやわらかくなったころ。香りがよくなり、皮の色が変わったら食べごろ。

エネルギー（可食部100ｇあたり）
54kcal

品種
バートレット、ラ・フランス、ル・レクチェ、マルゲリット・マリーラ、オーロラなど。

保存
常温で追熟させる。

甘みの分布
3
2
1

a

b

基本のカッティング

時間が経つと色が変わりやすいので、手早くカットする。

くし形切り

a

1. 縦に2等分にカットして、くりぬき器で芯とタネをとり除く。

2. 花落ちの方からナイフを入れ、切り目のところまで皮をむく。

4. ナイフを皮と果肉の間に入れ、花落ちの方から皮をカット。

2. さらに4等分にカットし、1/8のくし形切りにする。

5. 斜めに切り目を入れたところまできたら、皮を切り落とす。皮を少しずらしてのせても（aの上）。

3. 花落ちの方から芯とタネをくりぬく。

3. 細くくびれている部分の皮に、斜めに切り目を入れる。

コンポートカット

b

1. 枝付きの方のくびれた部分の皮に、U字形に切り目を入れる。

4. 中心のタネにとどくまで2〜3回くり返して、完全にくりぬく。

スライス切り

1. 縦に2等分にカットする。

4. 斜めの切り目まで皮をむく。

6. 切り口を少しずつずらして扇形にする。

2. さらに2等分にカットして1/4のくし形切りにする。

5. くし形の形にそって薄くスライスする。

> **memo:**
> **コンポートカットのバリエーション**
>
> 枝付きの方のくびれた部分の皮に、U字形やV字形に切り目を入れる。果肉がやわらかいので、ナイフを入れるときは注意する。ブドウなどを添えて季節感を演出するとよい。

3. 芯とタネの部分をとり、皮に斜めに切り目を入れる。

コンポートカットと
スライス切り盛り合わせ

洋ナシの優美な姿を生かしたコンポートカットを中心にして、スライス切りでまわりを囲むようにした盛り合わせ。皮を少し残しておくと飾りにもなり、ボリューム感もでる。また、洋ナシの独特の香りも楽しめる。

カキ

花落ちの方が一番甘みが強く、枝付き（ヘタ）の方に向かって甘みが弱くなる。カッティングは、甘みが均等になるくし形切りがおすすめ。タネのない品種も出回っている。干しガキにしたり、カキのジャムにしたり、日本では古くから親しまれている。右ページのようにらせん状にむいて、その皮を丸めてカップにしてもよい。

DATA:

旬： 9〜11月

選び方と食べごろ
ヘタが緑で形が整っていて、果皮にハリとつやがあるもの。ヘタと皮の間にすき間がなく、赤みが濃く重量感のあるもの。

エネルギー（可食部100ｇあたり）
60kcal

品種
富有（ふゆう）、次郎、西村早生（にしむらわせ）、筆柿、平核無（ひらたねなし）、刀根早生（とねわせ） など。

保存
柿はヘタで呼吸しているので乾燥を防ぎ、ビニール袋に入れて冷蔵庫の野菜室へ。なるべく2〜3日で食べるようにする。

甘みの分布

皮のむき方

1 枝付き（ヘタ）の部分をナイフの刃先でくりぬく。

2 くりぬいた部分から皮をらせん状にむく。

3 8等分のくし形にカットする。

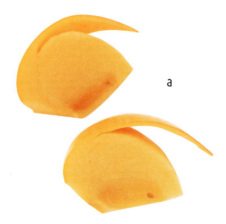

a

基本のカッティング

皮のむき方がポイント。皮は硬いので一気にむくとむきあとがきれい。

くし形切り

a

皮のへこみの筋にそってナイフを入れ、縦に2等分する。

⌄

ヘタの部分をV字に切り落とす。

⌄

1/2個分を4～5等分にカットする。

⌄

2/3まで皮をむく。こうすると手に持って食べやすい。

カキのカップ盛り

b

枝付きの方からやや厚めに切り落とす。

⌄

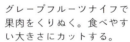
グレープフルーツナイフで果肉をくりぬく。食べやすい大きさにカットする。

カキのハート

カキのバラ

b

カキの丸むき盛り

□ BOOK ONLY

ビワ

大ぶりの卵形の茂木と、やや球形の田中の2種が代表品種。そのまま手で皮をむいて食べるのが一般的だが、タネが大きいのが難点。きれいに皮をむき、タネと薄皮もとり除いてカッティングすれば食べやすくなり、見映えもよくなる。大きめの場合は、皮に切り目を入れてタネをとるか、二つ切りにしてとり除くとよい。

DATA: 旬 1 2 3 **4 5 6** 7 8 9 10 11 12 4～6月

選び方と食べごろ
軸がしっかりして、白いブルーム（果粉）とうぶ毛におおわれ、果皮にハリがあるもの。

エネルギー（可食部100gあたり）
40kcal

品種
茂木（もぎ）、田中、大房（おおぶさ）、長崎早生（ながさきわせ）など。

保存
風通しのよいところ。冷蔵庫での保存は、約2～3日で食べる。

甘みの分布
3 / 2 / 1

基本のカッティング

大きさによって皮のむき方、タネのとり方を変えるとよい。

皮のむき方

a

1

花落ちを少し切り落とし、くりぬき器でタネをとる。

⌄

2

枝付きを切り落とし、めくるように皮をむく。

皮のむき方

b

1

横にナイフを入れ、タネのまわりをぐるりと切ると、2つに割れる。

⌄

2

薄皮とタネをとり除いたら、めくるように皮をむく。

くし形切り

c

1

縦にナイフを入れる。タネのまわりをぐるりと切ると、2つに割れる。

⌄

2

2つに切ったら、両手でやさしくねじるようにする。

⌄

3

2つに割れたら、薄皮とタネをとり除く。

⌄

4

めくるように皮をむく。

フラワーカット

d

1

枝付きを少し切り落とし、十文字に切り目を入れて皮をむく。

⌄

2

切り口を開くと、花の形になる。

⌄

3

薄皮とタネをとり除く。

ブドウ

皮の色がさまざまなので、カッティングの技が冴える。皮がむきやすいように、フラワーカットやつくばねのようにカットすると食べやすくなる。盛り合わせのトッピングや飾りにすると見映えがする。皮やタネに多く含まれているポリフェノールは、活性酸素をとり除き、老化防止、視力機能の回復や肝機能の向上に期待されている。

DATA:

旬: 1 2 3 4 5 6 7 **8 9** 10 11 12　　8〜9月

選び方と食べごろ
茎が青々とし、果粒にハリがあり、ブルーム（白い粉状のもの。果粉）が全体についているもの。房の上がよく日に当たるので一番甘い。

エネルギー（可食部100gあたり）
59kcal

品種
デラウェア、マスカット・オブ・アレキサンドリア、ネオ・マスカット、レッドグローブ、トンプソンシードレス、巨峰、ピオーネ、甲州、甲斐路など。

保存
房ごとビニール袋に入れ、冷蔵庫の野菜室へ。1粒ずつ、小果柄（しょうかへい）を付けて密閉容器に入れれば、約2週間保存できる。

甘みの分布

一番甘い

基本のカッティング

1粒ずつ食べやすいようにカットする。皮の色を生かしたり、皮に細工すると美しい。

フラワーカット

a

1　枝付きのところを水平にカットする。皮だけに十文字の切り目を入れる。

2　切り目の部分の皮を手でむき、花びらのようにふくらませる。

b

1　枝付きのところを水平にカットする。

2　十文字に切り目を入れ、切り口を開く。

c

1　V字形に切り込みを入れる。ぐるりと一周カットする。

2　2つに割ると花の形になる。

つくばね

d

1　十文字に切り目を入れ、さらにその間にも十文字に切り目を入れる。

2　1つおきに皮をむいて、つくばねの羽根のようにする。

紙風船

e

1つおきに三角形に切り目を入れ、紙風船の模様にする。

スライス切り

f

横スライス切りにする。

カップ盛り

g

1　横1/2カットにする。皮と果肉の間にナイフを入れ、果肉をくりぬく。

2　ひっくり返して皮にのせる。

イチジク

皮も果肉も大変やわらかいので、ていねいに取り扱うこと。タネは極小で、プチプチした食感が楽しめる。花落ちが開きすぎていないものが、熟していて甘い。生食のほか、料理やコンポート、ジャムなどにもよく利用する。たんぱく質分解酵素プロテアーゼを含むので、たんぱく質の食事のあとに食べると、消化を助ける効果がある。

DATA

旬: 8〜10月

選び方と食べごろ
皮にハリと弾力があり、傷のないもの。全体的にふっくらとして、赤紫色のもの。花落ちが少し開いているものが熟している証拠。追熟するフルーツ。

エネルギー（可食部100ｇあたり）
54kcal

品種
桝井（ますい）ドーフィン、ホワイトゼノア、ビオレドーフィン、ブラウンターキーなど。

保存
１個ずつラップ材に包んで、冷蔵庫で保存すれば２〜３日はもつ。皮をむいて冷凍保存も可。日持ちしないのでなるべく早く食べる。

a / b / c

基本のカッティング

軸の方から皮をむくとむきやすい。くし形切りは熟しているとやりやすい。

くし形切り

縦に2等分にカットする。

8等分にカットする。

まな板の上にナイフをそわせるようにすすめて、皮を一気にカットする。

フラワーカット

1/2くらいのところにナイフを入れる。

V字形にナイフを入れる。ぐるりと一周カット。

2つに割ると、花の形になる。

> **memo:**
> **フラワーカットの食べ方**
> 皮をむくと形がくずれるので、あえて皮はカットしない。スプーンで食べるとよい。サラダや料理のつけ合わせとしても最適。

ハーフカップ

縦に2等分にカットにする。

皮と果肉の間にナイフを入れ、果肉をくりぬく。

果肉を食べやすい大きさにカットする。

カットしたものを皮にのせる。

ザクロ

薄い膜で仕切られた中の多数のタネの部分を食用とする。日本産は熟すと果皮が割れるが、西洋種は割れない。カッティングする場合は、西洋種の方が適している。まな板やふきんにも色が付くので注意する。
さわやかな酸味と甘みがあり、グレナディンジュースやシロップに加工される。

DATA:

旬: 9〜11月（アメリカ産）

選び方と食べごろ
重量感があり皮に傷がなく、赤色が全体に回っているもの。中身のザクロの果粒を食べる。中のタネも一緒に食べてもよい。果汁はジュースになる。

エネルギー（可食部100ｇあたり）
56kcal

品種
ワンダフル、ルビーレッド、水晶石榴（すいしょうざくろ）、大紅石榴など。

保存
風通しのよいところで2〜3週間。果粒だけとりだせば、冷凍保存ができる。

基本のカッティング

小ぶりにカットし、手で食べやすくする。断面から果汁がでるので手早く行う。

くし形切り

a
c

1 縦に2等分にカットする。

⌄

2 くし形切りにする（c）。半分にカットする（a）。

> **memo:**
> **水の中で簡単に粒をとる方法**
> 水を入れたボウルの中で皮をとると、果汁が飛び散らない。きれいに粒までとることができる。

スクエアカット

b

1 花落ちの方を薄くカットする。

⌄

2 枝付きを薄くカットする。

⌄

3 縦2ヵ所に切り目を入れる。

⌄

4 手でむくとスクエア（四角）カットになる。

手でむく方法

1 縦2等分にし、花落ちと枝付き部分を薄くカットする。

⌄

2 手で皮をむく。

⌄

3 こうすると手に持って食べやすい。

プラム

日本名はスモモ。品種は多種出回っている。果肉も黄色系、赤系などがあり、食感もそれぞれ異なる。薄い皮のものは、皮ごと食べられるが、大粒のプラムの皮は口に残るので、カットする方が食べやすい。プルーン（西洋スモモ）としてドライフルーツで海外では食べられている。ジュース、ジャム、シャーベット、ケーキなどにも。

DATA: 旬: 1 2 3 4 5 6 7 8 9 10 11 12　6〜8月

選び方と食べごろ
果皮に傷がなく、ハリがあるもの。形が整い、色がきれいに回って、白いブルーム（果粉）がついているもの。手で握ってみてやわらかいもの。

エネルギー（可食部100gあたり）
44kcal

品種
大石早生（おおいしわせ）、太陽、ソルダム、貴陽（きよう）、サンタローザ、ケルシー、シュガープルーン、フレンチプルーンなど。

保存
常温で追熟させる。冷蔵庫で3〜4日保存が可能。

基本のカッティング

皮は薄いものならそのまま、厚いものならカットするのが基本。タネをとると食べやすい。

サークル切り

a

1

縦に2等分にし、タネをナイフの刃先でとり除く。

2

適当な厚さの輪切りにする。

3

皮と果肉の間にナイフを入れ、一周させて皮をサークル状にカットする。

くし形切り

b

1

くし形切りにする。

2

まな板にそわせてナイフをすすめ、皮を一気にカットする。

トライアングル

c

1

2等分したら縦に2等分のくし形切りにする。横半分にカット。

2

3方向よりナイフを少しずつ入れ、カットする。

フラワーカット

d

1

十文字に切り込みを入れる。

2

切り口を開きタネをとると、花の形になる。

ハーフカップとくし形切りの盛り合わせ

皮から果肉をくりぬいたカップに、食べやすく切った果肉をのせる。くし形切りを囲むように盛りつけた。

ミカン

そのまま手で皮をむいて食べるのが一般的だが、皮と果肉の色を生かしたカッティングも楽しい。カッティングによって、袋の皮の部分も食べられる。ミカンはビタミンCが多く、皮の白い部分にはビタミンPが多く、これは、動脈硬化防止に効果がある。また、ペクチンによる整腸作用があるので、冬場に旬を迎えるミカンは貴重。

DATA:

旬: 1 2 3 4 5 6 7 8 9 10 11 12　11〜2月

選び方と食べごろ
持ったとき重さがあり、適度な身のしまりとつやのあるもの。枝付きが小さく、皮の色が均一で、表皮が浮いていないもの。

エネルギー（可食部100ｇあたり）
46kcal

品種
温州（うんしゅう）みかん、紀州みかん、クレメンテイン、ぽんかん、伊予柑など。

保存
風通しのよいところ。箱の場合、一度箱から出して、高温多湿でないところへ。なるべく早く食べる。

下）ペティナイフでV字形に切り込みを入れて一周させるフラワーカット。
左）皮と果肉の間にグレープフルーツナイフを入れ、果肉をくりぬき、食べやすい大きさにカットして戻すカップ盛りなど、さまざまなバリエーションが楽しめる。

📖 BOOK ONLY

サクランボ

ケーキやデザートに向いたカッティング。タネをとって供すると食べやすい。ジャム、ゼリー、ケーキ、コンポートにも。アントシアニン、カリウム、ビタミンC、ビタミンB群、メラトニンを含む。疲れ目、視力の回復、高血圧予防効果など、メラトニンには睡眠を促進する、時差ボケを和らげる効果があるといわれている。

DATA:

旬： 5〜7月（国産）　5〜8月（アメリカ産）

選び方と食べごろ
皮にハリとつやがあり、傷のないもの。軸が緑色で新鮮なもの。収穫後、2〜3日のものがよい。

エネルギー（可食部100gあたり）
60kcal（国産）、66kcal（アメリカ産）

品種
ナポレオン、アメリカンチェリー、佐藤錦（さとうにしき）、高砂（たかさご）など。

保存
密閉容器に入れて冷蔵庫の野菜室で1〜2日。長く保存すると甘さが薄れ、硬くなる。冷やしすぎに注意して、なるべく早く食べる。

タネをとって輪切り、フラワー、ハーフカットにする。アメリカンチェリー（左）は、タネをとって果肉をカットしたもの。

TROPICAL FRUITS

キワノ

トゲ状突起のある黄色い皮と、透明感のあるひすい色の果肉の対比が美しいフルーツである。タネのまわりのゼリー状の果肉を食べる。やさしい酸味があり、ヨーグルトなどに合う。皮の形を生かしたカットやカップ盛りが基本のカッティング。マグネシウム、食物繊維、ミネラルを含む。タネごと食べると食物繊維がより多く摂取可。

DATA:

旬: 1 2 3 4 5 6 7 8 9 10 11 12　　一年中（ニュージーランド・カリフォルニア産）

選び方と食べごろ
果皮につやがあり傷がなく、トゲが折れてなく、全体に色が回っているもの。全体に緑から黄橙色に回ったころが食べごろ。

エネルギー（可食部100ｇあたり）
41kcal

品種
なし

保存
風通しのよいところで、約2～3週間保存できる。

基本のカッティング

タネのまわりのゼリー状の果肉を食べる。皮の形を生かしたカットやカップ盛りが最適。

輪切りと半月切りといちょう切り

a
b
c

1. 皮の両側を厚めにカットする。

2. 適当な厚みにカットして輪切りにする（輪切り）。

3. 輪切りにしたものを縦1/2にカットする（半月切り）。

4. 半月切りにしたものをさらに1/2にカットする（いちょう切り）。

カップ盛り

d

1. 縦2等分のところにナイフを入れる。

2. 縦に2等分にカットする。

3. 果肉の中心に縦に切り目を入れる。

4. 半分の側のみ、皮と果肉の間にナイフを入れ、皮にそって切り込む。

くし形切りハーフ

e

1. 縦に2等分にカットし、さらに2等分にカットする。

2. 1/2にカットし、さらに1/2にカットする。

3. もう半分も同様にカットする。

> **memo:**
>
> **キワノの栄養**
>
> マグネシウム、食物繊維、ミネラルを含む。高血圧予防に効果的。タネごと食べると、食物繊維がより多く摂取できる。

TROPICAL FRUITS

ピタヤ

うろこ状の突起のあるものが龍のように見えることから別名ドラゴンフルーツ。サボテンの仲間で、皮が赤いレッドピタヤと黄色いイエローピタヤがある。レッドピタヤには、果肉の赤いものと白いものがあり、いずれもゴマ粒大のタネが果肉全体にある。生食のほか、ジャム、ゼリーなどに用いてもよい。

DATA:

旬： 1 2 **3 4** 5 6 7 **8 9 10 11** 12 　　8〜11月（国産）　3〜4月（ベトナム産）

選び方と食べごろ
皮にハリとつやがあり、全体に色が回っているもの。手にとって弾力がでたころが食べごろ。

エネルギー（可食部100ｇあたり）
50kcal

品種
レッドピタヤ、イエローピタヤなど。

保存
追熟しないのでなるべく早く食べる。ビニール袋に入れ、冷蔵庫の野菜室で保存。

基本のカッティング

皮はむいてからカットする方法とカットしてからむく方法がある。

くし形切りとくし形切りハーフ

a
c

1 縦に2等分にカットする。

2 くし形切りにする（くし形切り）。

3 皮と果肉の間にナイフを入れ、一気に皮を切りはなす（a下）。さらに斜めにカットする（くし形切りハーフ）。

半月切り

b

1 縦2等分にしてから適当な厚さの半月切りにする。

> **memo:**
> **皮のむき方**
> 皮にナイフを入れて、皮の厚みだけ縦に切り込みを入れる。そこから手で皮をめくり、ぐるりと皮をむく。

> **memo:**
> **ピタヤの栄養**
> カリウム、食物繊維、ミネラル類を含む。高血圧、貧血予防に効果的。

色紙盛り

d

1 枝付きの方を先にカットする。

2 反対側も同様にカットする。

3 中心にナイフを入れ、そこから手でぐるりと皮をむく。

4 食べやすい厚さの輪切りにカットする。

スターフルーツ

東南アジア原産の果実で、果実の断面が星形なことからスターフルーツと名づけられた。日本名は5本の稜があるのでゴレンシ。また中国では五稜子といわれている。果皮は熟すと緑から黄色に変わる。酸味の強い種類と甘みの強い種類とがある。ゼリー、ジャム、サラダ、デザート、ピクルス、コンポートなどに。

DATA:

旬: 1 2 3 4 5 6 7 8 9 10 11 12　　11〜12月（メキシコ産）　6〜8月、10〜11月（国産）

選び方と食べごろ
果皮にしわや傷がなく、光沢があり、皮が黄色のものを選ぶ。熟すと黄色くなるが、多少黄緑くらいの方が歯ごたえがあり食べやすい。皮ごと食べてもよい。

エネルギー（可食部100ｇあたり）
30kcal

品種
なし

保存
風通しのよいところで追熟させる。冷蔵庫の野菜室で保存する。

基本のカッティング

皮ごと食べてもよいが、星形を生かすスライス切りが基本のカッティング。

皮のむき方

5角形の稜線部分をていねいにカットする。

▽

溝のところの皮の部分にナイフの刃先で切り目を入れる。

▽

稜線のところから溝の方へ向かって皮をむく。

スターカット

皮をていねいにむいてから、食べやすい厚さのスライス切りにカットする。

> memo:
>
> **スターカット**
>
> 果実の断面が星形なことからスターフルーツと命名。まっすぐスライスする方法と斜めにスライスする方法がある。どちらも星形を生かしたカッティング。

> memo:
>
> **スターフルーツの栄養**
>
> ビタミンC、食物繊維を含む。美肌効果、整腸作用に期待できる。

TROPICAL FRUITS

マンゴスチン

果物の女王といわれ、マンゴー、チェリモヤとともに世界三大美果のひとつ。果皮は厚く赤紫色、果肉は乳白色で房状になっている。外側の花びらの数と房の数は同じである。フレッシュなものは、枝付きのヘタの部分からカットする。両手親指で枝付きを果実に強く押していくと、皮が縦に割れる。冷凍ものは半解凍にしてから。

DATA:

旬： 1 2 3 4 5 6 7 8 9 10 11 12

冷凍一年中（タイ・マレーシア産）
生果2～7月（コロンビア・タイ産）

選び方と食べごろ
果皮に弾力があり、みずみずしいもの。冷凍ものは、果皮が紫色に全体に回っているもの。生果は赤紫色から、紫色になったころが食べごろ。持ってみて果皮がやわらかくなったころ。

エネルギー（可食部100ｇあたり）
67kcal

品種
なし

保存
ビニール袋に入れて冷蔵庫の野菜室へ。4～5日くらい保存が可能。熟したものは冷凍保存できる。

基本のカッティング

手でむく方法、ナイフでむく方法、皮のむき方をマスターしましょう。

皮のむき方①

横にナイフを入れ皮をカットする。

⌄

皮が2つに割れる。果肉を傷つけないように注意。

⌄

枝付きの方から果肉を傷めないように手で皮をむく。

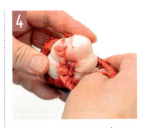
フレッシュなものは皮がやわらかいので、手でもきれいにむける。

> **memo:**
> **マンゴスチンの栄養**
>
> ビタミンE、ビタミンB、カリウムを含む。高血圧予防、老化防止など期待できる。たんぱく質分解酵素を含んでいるので、肉料理のあとに消化を助けてくれる。

> **memo:**
> **冷凍マンゴスチンの場合**
>
> 冷凍ものは一年中タイ産、マレーシア産が手に入る。紫色に全体が回っているものがよい。すでに皮をカットしてあるものもある。皮に切れ目が入っているので、手で割るとよい。

皮のむき方②

枝付きのヘタの部分から切る。

⌄

縦にナイフを入れ、皮をカットする。

⌄

切り口から果肉を傷めないように手で皮をむく。

TROPICAL FRUITS　　　　　　　　　　　　　　　　　　　　📖 BOOK ONLY

パッションフルーツ

やや厚みのある皮をカットすると小さなタネが詰まっていて、そのまわりの橙黄色のゼリー状の果肉を食べる。口に含むと香りが高く、甘酸っぱい味が広がる。ジュースやアイスクリームなどの加工品にする。花の形の十字架をキリストの受難（パッション）から命名。冷蔵庫で約1週間保存できる。冷凍保存も可能。

DATA:

旬： 1 2 **3 4 5** 6 **7 8** 9 10 11 12　　3〜5月（ニュージーランド産）　7〜8月（国産）

選び方と食べごろ
果皮にハリとつやがあるものが新鮮。果皮の色が茶色くなり、表面にしわが寄ったくらいのものが甘い。

エネルギー（可食部100gあたり）
64kcal

品種
パープルグラナディラ、スイートグラナディラなど。

保存
常温で追熟させ、皮にしわが寄ってきたら食べごろなので、冷蔵庫で冷やして食べる。

基本のカッティング

手も汚すことなく、ゼリー状の果肉を食べやすくするカッティングが要。

くし形切り

a

1

縦に2等分にカットする。

2

さらに2等分にカットして、くし形切りにする。

3

もう半分も同様にカットする。

くし形切りハーフ

b

1

横に2等分にカットする。

2

さらに2等分にカットして、くし形切りにする

3

2のくし形切りを縦に切り、1/8カットにする。

---

memo:

パッションフルーツの栄養

カロテン、ビタミンC、葉酸、カリウムを含む。老化防止、高血圧予防、美肌効果などに期待できる。

TROPICAL FRUITS

ランブータン

赤い果皮はやわらかくて長い毛（肉刺）でおおわれている。ツルリとした果肉は乳白色でつややか。果汁も多く、淡い酸味と甘みで美味。皮を半分だけカットし、白い果肉とのコントラストを生かす。赤い毛のついた皮がかわいいので、皮を半分つけたまま盛りつけるとよい。縦カット、横カット、2つの方法がある。

DATA:

旬： 1 2 3 4 5 6 7 8 9 10 11 12　　冷凍一年中（タイ産）

選び方と食べごろ
果皮が赤色以外のものもある。光沢があり、毛が黒くなく、色が鮮紅色で弾力のあるもの。果皮が赤くなり弾力がでるころ。

エネルギー（可食部100gあたり）
63kcal

品種
なし

保存
ビニール袋に入れ、冷蔵庫の野菜室で保存。冷凍保存もできる。

皮のむき方①

手に持って縦に切り目を入れる。

ぐるりとまわして横に半分のところに切り目を入れ、皮を半分だけむく。

ぐるりとまわして皮に切り目を入れたら、皮を半分だけむく。

皮のむき方②

皮に横にナイフを入れる。

TROPICAL FRUITS

BOOK ONLY

レイシ

別名ライチ。赤褐色の皮でおおわれているが中は半透明の白い果肉で、そのまま口に入れると上品な甘みの果汁があふれる。中国名はライチ。中国・唐の時代、楊貴妃が好んだと伝えられるフルーツ。皮のみをカットし、決して果肉を傷つけないようにする。皮を縦カット、横カット、2つの方法がある。手に持って食べられる。

DATA:

旬： 1 2 3 4 5 6 7 8 9 10 11 12
冷凍一年中
生果6〜8月（台湾産）　6〜7月（沖縄・鹿児島県産）

選び方と食べごろ
果皮が真っ赤でハリのあるものを選ぶ。枝付きの方が新鮮。

エネルギー（可食部100ｇあたり）
63kcal

品種
なし

保存
低温で2〜3日くらい保存できる。生果は冷凍保存が可能。生食には、香りがあるのでなるべく早く食べる。

カット盛り

皮に横にナイフを入れ、ぐるりとまわす。

ひとまわり皮だけに切り目を入れ、皮を手でむく。

1と同様に縦にナイフを入れ、ぐるりとまわす。手でねじりながら2つに割る。

皮を生かしたカッティングと皮をむいたカッティングの盛り合わせ。

FRUITS GARNISH

▶ DVD ONLY

フルーツをグラスに飾る

Garnish（英）とは、飲み物や料理に飾りとして添える食材のこと。カクテルやトロピカルドリンクのグラスの縁に添えられたフルーツ、見たことがあるのではないでしょうか？ ちょっと添えるだけで美しくなり、その飲み物を一段とおいしくしてくれる名脇役。カッティング技術を駆使して、その飲み物に合うフルーツを飾ってみましょう。

使用したフルーツ

左より）パパイヤ（くし形切り）、マンゴー（ダイスカット）、スイカ（くし形切り）・トンプソンシードレス〈ブドウ〉、マンゴー（フラワーカップバラ）、イチゴ（花盛り）・イチゴフラワー・メロンボール、ピタヤ（くし形切り）、オレンジ（輪切り）・サクランボ、パイナップル（くし形切り）・パパイヤ（フラワー）・トンプソンシードレス、ピタヤ（いちょう切り）、イチゴ（ハート）・メロンボール、バナナなど。

（　）はフルーツカット名、〈　〉はフルーツ名です。

フルーツを添えることで一気にトロピカルな雰囲気に。基本のカッティングをマスターしておきましょう。各種カクテルのほか、ワイン、ジュース、スムージーなどに。グラスの縁に飾るほか、2種類くらいのフルーツをスティックにさして添えるのもおしゃれ。

FRUITS GARNISH

パイナップルタワーの応用編。パイナップルのくし形切りに、スティックにさしたフルーツをデコレーション。オレンジジュースでもこのような華やかな演出をすることで、楽しい雰囲気になり、場を盛り上げるでしょう。葉を残すことでゴージャスな印象に。

使用したフルーツ

パイナップル（くし形切り）、パパイヤ（フラワー）、イチゴ（ハート）、サクランボ、スイカ・ピタヤ（いちょう切り）、ブドウ

リンゴの飾り切りを活用。1/4カットのリンゴフラッグの果肉半分までナイフを入れ、グラスの縁にさす。オレンジジュース、グレナデンシロップの色とリンゴの皮の色とのコントラストが美しい。リンゴの飾り切りは、初心者向き。皮をむいてフラワーにしてみても。

使用したフルーツ

リンゴ

> **memo:**
> **フルーツは食べていいのでしょうか？**
> もちろん、食べて構いません。皮やタネがある場合は、紙ナプキンなどに包んで、その場においておくのが大人のマナー。飲み終えたグラスの中に入れておいてもいいでしょう。

FRUITS CARVING

PART 2

フルーツ
カービング

タイの伝統工芸カービング。下図を描いたら少しずつ彫っていきます。花や動物の形を彫るほか、メッセージを彫ることもできるので、記念日に喜ばれます。

FRUITS CARVING

▶ DVD ONLY

フルーツカービング

カービングは、タイの伝統文化から生まれた技術。フルーツに彫刻を施すことによって、新鮮な美しさとテーマ性が引き出され、人間のもつ五感を刺激して楽しませる。カービングナイフだけを使って、必要なテクニックが学べる。おもてなし、お弁当の演出からパーティーの飾りつけまで、幅広く活用できるのも魅力。簡単なものからマスターして、ステップアップをねらいましょう。

フルーツフラワー

基本の彫り方、フラワー。花の形には彫りやすい。果皮の硬いメロン、スイカ、パパイヤ、リンゴなどが向いている。果皮と果肉の色を残すことで、より豪華さと格調の高さを演出。バラ、ヒマワリなどがポピュラー。

ハネデューメロンのバラ

やさしい色のグラデーションを利用した小さなバラは、エレガントな演出に向いている。

パパイヤフラワー

一年中入手しやすいパパイヤは、繊維が強くないので彫りやすいフルーツ。シンプルなお花で、手軽にデコレーションできる。

イチゴフラワー

ヘタの方から彫るので、よりおいしく甘くなる。かわいらしいお花はイチゴを大きく見せて、ケーキの上にお似合い。

スイカが主役

スイカフラワー

まさしくカービングはスイカに最適である。表皮の深緑から黄緑、白色から果肉の赤へとグラデーションを生かしたデザインは豪華。遠くからでも華やかに見えるので、広いスペースで行うイベントでは、とても喜ばれる。

FRUITS CARVING

メロンが主役

マスクメロンのスワンとバラ

スワンをメインに、色違いのメロンのバラと赤肉のメロンのダブルカットを盛り合わせて。メロンのバラをマスターしておくと、いろいろな演出に活用できる。白、黄緑、赤色の果肉の色で雰囲気を変えてみるのも一興。

PART 3
フルーツ図鑑

本書でご紹介したフルーツをページ順に、市場に出回っている品種を中心に掲載しました。新しい品種が次々と出回っているので見比べてみましょう。

KIWIFRUIT
キウイフルーツ ……… p40

PAPAYA
パパイヤ ……… p44

AVOCADO
アボカド ……… p48

MANGO
マンゴー ……… p52

ペリカンマンゴー

ブラジルマンゴー

メキシカンマンゴー

アーウィン種（宮崎県産）

BANANA
バナナ ……… p56

PEAR ……… p78
和ナシ

幸水

PEAR ……… p82
洋ナシ

PERSIMMON ……… p86
カキ

LOQUAT ……… p88
ビワ

GRAPE ……… p90
ブドウ

レッド
グローブ

シャイン
マスカット

トンプソン
シードレス

巨峰

HORNED MELON ······ p100
キワノ

DRAGON FRUIT ······ p102
ピタヤ

STAR FRUIT ······ p104
スターフルーツ

MANGOSTEEN ······ p106
マンゴスチン

PASSION FRUIT ······ p108
パッションフルーツ

RAMBUTAN ······ p110
ランブータン

LITCHI ······ p111
レイシ

番外編
BANPEIYU
バンペイユ

あとがき

　フルーツアカデミー®代表、フルーツアーティスト®、果道家として世界をまわり、さまざまなフルーツとの出会いがありました。
　トロピカルフルーツも手軽に入手できるポピュラーなものになり、フルーツの世界も広がっています。
　今でも新しいフルーツが出ると、そのフルーツの研究、カッティングをしています。
　このたび、『いちばんわかりやすいDVD付き　フルーツカッティング』を制作することになりました。

　各フルーツカッティングは、私の著書
『食卓をもっとおしゃれに！　フルーツカッティング』
『切り方がよくわかるDVD付き　初めてのフルーツカッティング』
『完全保存版　フルーツ・カットテクニック』
『最新版　フルーツの盛り合わせとカットテクニック』
　全著書の集大成として構想、企画、立案など3年近く時間をかけ、本書を作りました。また、DVDには初ナレーションも入れ、いちばんわかりやすい本作りに努めてきた著書です。フルーツは冷やすと甘みが増します。朝、フルーツを食べるとからだによいといわれています。

　フルーツカットとは、フルーツの甘みなどを等分にカットし、美しく、そして香りも楽しめるようにする総合的な技術です。
　そしてカットしたフルーツの角が立つようにナイフを入れてカットし、盛り合わせを作っていきます。
　今回は、要望の多かったグラスに飾るフルーツカット等を入れました。

　初めてフルーツカッティングを学ぶ方も、プロの方にもわかりやすく、幅広い方々に活用いただき、健康と美容にも優秀なフルーツをより一層生活にとり入れ、楽しんでくださることを願っております。
　最後にこの場をお借りしまして、出版に携わった編集スタッフや出版社の方々に厚く御礼申し上げます。ありがとうございました。

2016年10月
フルーツアカデミー®代表、フルーツアーティスト®
平野泰三

平野泰三（ひらの・たいぞう）

フルーツアカデミー®代表、フルーツアーティスト®、果道家。1956年生まれ。拓殖大学卒業。アメリカ・オレゴン州に留学。その間フルーツの魅力にとりつかれ、フルーツカッティングの技術を修得。フルーツ研究のために、南アメリカ、ヨーロッパ、東南アジア、オセアニアを旅し、帰国後、新宿調理師専門学校に入学。卒業後、新宿高野入社、タカノフルーツパーラーに勤務。東京・都立家政でフルーツパーラー「サンフルール」のオーナーシェフを務める。現在フルーツアカデミー®アトリエ2023年オープン。製菓学校・調理師学校・大学・企業等の講習会講師や新聞・雑誌・テレビ・CM出演など、フルーツアーティスト®の第一人者として活躍中。フルーツアカデミー®を設立、フルーツカッティング基本コース、フルーツカービング基本コース、フルーツアーティスト®認定講座を設けている。著書『食卓をもっとおしゃれに！ フルーツカッティング』『完全保存版 フルーツ・カットテクニック』『DVD付き 初めてのフルーツカッティング』『最新版 フルーツの盛り合わせとカットテクニック』（以上、講談社）など。

お申し込み・お問い合わせなどは下記までお願いいたします。
　フルーツアカデミー®、アトリエ
　〒165-0035　東京都中野区白鷺2-6-11 ロイヤルパレス2-F
　Tel 090-2621-3251
　http://fruitacademy.jp/

STAFF

スチール撮影	椎野 充（講談社写真部）
DVD撮影	森 京子／杉山和行（講談社写真部）
DVDナレーション	平野泰三
ブックデザイン	吉村 亮、大橋千恵、眞柄花穂（Yoshi-des.）
フルーツカッティング＆フルーツカービングアシスタント	平野明日香（フルーツアカデミー®校長）
校閲	戎谷真知子

いちばんわかりやすいDVD付き

フルーツカッティング

2016年10月27日　第1刷発行
2023年 9月19日　第2刷発行

著者　平野泰三
発行者　清田則子
発行所　株式会社 講談社
　　　　〒112-8001　東京都文京区音羽2-12-21
　　　　販売　Tel.03-5395-3606
　　　　業務　Tel.03-5395-3615
編集　株式会社 講談社エディトリアル
　　　代表　田村 仁
　　　〒112-0013　東京都文京区音羽1-17-18
　　　護国寺SIAビル
　　　編集部　Tel.03-5319-2171
印刷所　凸版印刷株式会社
製本所　株式会社 国宝社

価格はカバーに表示してあります。
落丁本・乱丁本はご購入書店名を明記のうえ、講談社業務宛にお送りください。送料小社負担にてお取り替えいたします。なお、この本についてのお問い合わせは、講談社エディトリアル宛にお願いいたします。
本書のコピー、スキャン、デジタル化等の無断複製は著作権法上での例外を除き禁じられています。本書を代行業者等の第三者に依頼してスキャンやデジタル化することはたとえ個人や家庭内の利用でも著作権法違反です。

ISBN978-4-06-220279-4 N.D.C.596 127p 21cm
©Taizo Hirano 2016 Printed in Japan